DR. OETKER

KÄSEKUCHEN

Klassiker und neue Hits

DR. OETKER

KÄSEKUCHEN

Klassiker und neue Hits

Dr. Oetker Verlag

Vorwort

Für viele ist die Zubereitung eines klassischen Käsekuchens die Krone des Backens. Sie werden bewundert, wenn ihnen eine lockere, saftige, frische Käsetorte gelingt.
Ob mit, ob ohne Obst, ob aus der Form oder vom Blech oder auch als Kleingebäck, den Backideen mit Quark sind keine Grenzen gesetzt. Denn außer dem klassischen Quark gibt es ja noch viel mehr schmackhafte Produkte, die man als Kuchen verbacken oder auch ungebacken verarbeiten kann. Sei es Frischkäse, Ricotta, Mascarpone, Topfen oder Schichtkäse.
Alle Rezepte sind auch für Ungeübte gut zuzubereiten und wurden von Dr. Oetker überprüft und exakt beschrieben, damit sie garantiert gelingen.

Abkürzungen

EL = Esslöffel
TL = Teelöffel
Msp. = Messerspitze
Pck. = Packung/Päckchen
g = Gramm
kg = Kilogramm
ml = Milliliter
l = Liter
Min. = Minuten
Std. = Stunden
evtl. = eventuell
geh. = gehäuft
gestr. = gestrichen
TK = Tiefkühlprodukt
°C = Grad Celsius
Ø = Durchmesser
E = Eiweiß
F = Fett
Kh = Kohlenhydrate
kcal = Kilokalorien
kJ = Kilojoule

Hinweise zu den Rezepten

Lesen Sie vor der Zubereitung das Rezept einmal vollständig durch. Oft werden Arbeitsabläufe oder Zusammenhänge dann klarer. Die in den Rezepten angegebenen Backtemperaturen und -zeiten sind Richtwerte, die je nach individueller Hitzeleistung des Backofens bzw. Material der verwendeten Formen über- oder unterschritten werden können. Beachten Sie bei Gasherden die Gebrauchsanweisung des Herstellers.

Zubereitungszeiten

Die Zubereitungszeit ist ein Anhaltswert für die Zeit für Vorbereitung und die eigentliche Zubereitung. Längere Wartezeiten wie z. B. Kühl- und Marinierzeiten, sowie die Backzeit sind nicht einbezogen.

Kapitelübersicht

Kapitelübersicht

Käsekuchen ohne Boden

Zutaten

125 g Butter oder Margarine
225 g Zucker
1 Pck. Vanillin-Zucker
3–4 EL Zitronensaft
abgeriebene Schale von
½ Zitrone (unbehandelt)
4 Eigelb (Größe M)
75 g Weizengrieß
1 Pck. Backpulver
1 Pck. Pudding-Pulver
Vanille-Geschmack
1 kg Magerquark
4 Eiweiß (Größe M)

Zubereitungszeit:
25 Minuten, ohne Kühlzeit

Insgesamt:
E: 166 g, F: 131 g, Kh: 390 g
kJ: 14857, kcal: 3546

EINFACH

1 Butter oder Margarine in einer Rührschüssel mit Handrührgerät mit Rührbesen auf höchster Stufe geschmeidig rühren.

2 Nach und nach Zucker, Vanillin-Zucker, Zitronensaft und -schale hinzufügen, so lange rühren, bis eine gebundene Masse entstanden ist. Eigelb nach und nach unterrühren.

3 Grieß mit Backpulver und Pudding-Pulver mischen, unter die Fett-Eigelb-Masse rühren. Danach den Quark portionsweise unterrühren.

4 Eiweiß steif schlagen und portionsweise unter den Teig heben.

5 Den Teig in eine Springform (Ø 26 cm, Boden gefettet) füllen, glatt streichen und die Form auf dem Rost in den Backofen schieben.

Ober-/Unterhitze: etwa 180 °C (vorgeheizt)
Heißluft: etwa 160 °C (nicht vorgeheizt)
Gas: Stufe 2–3 (nicht vorgeheizt)
Backzeit: etwa 65 Minuten.

6 Den Käsekuchen etwa 30 Minuten auf einem Kuchenrost in der Form stehen lassen. Dann den Rand mit Hilfe eines Messers lösen, den Kuchen vom Springformboden lösen, aber darauf erkalten lassen.

Tipp: *Käsekuchen in Stücke geschnitten einfrieren, dann kann man die Stücke schnell auftauen, wenn überraschend Besuch kommt.*

Käsekuchen mit Schmand

Zutaten

125 g Butter oder Margarine
225 g Zucker
1 Pck. Vanillin-Zucker
3–4 EL Zitronensaft
abgeriebene Schale von
½ Zitrone (unbehandelt)
4 Eigelb (Größe M)
1 Pck. Backpulver
2 Pck. Pudding-Pulver
Vanille-Geschmack
750 g Magerquark
400 g Schmand
4 Eiweiß (Größe M)

Zubereitungszeit:
30 Minuten, ohne Kühlzeit

Insgesamt
E: 141 g, F: 213 g, Kh: 315 g
kJ: 16285, kcal: 3888

EINFACH

1 Butter oder Margarine in einer Rührschüssel mit Handrührgerät mit Rührbesen auf höchster Stufe geschmeidig rühren. Nach und nach Zucker, Vanillin-Zucker, Zitronensaft und -schale hinzufügen, so lange rühren, bis eine gebundene Masse entstanden ist. Eigelb nach und nach unterrühren (jedes Eigelb etwa ½ Minute).

2 Backpulver und Pudding-Pulver mischen, unter die Fett-Ei-Masse rühren. Danach den Quark und den Schmand unterrühren.

3 Eiweiß steif schlagen und portionsweise unter den Teig heben.

4 Den Teig in eine Springform (Ø 26 cm, Boden gefettet) füllen, glatt streichen und die Form auf dem Rost in den Backofen schieben.

Ober-/Unterhitze: etwa 180 °C (vorgeheizt)
Heißluft: etwa 160 °C (nicht vorgeheizt)
Gas: Stufe 3–4 (nicht vorgeheizt)
Backzeit: etwa 80 Minuten.

5 Die letzten 20 Minuten vor Beendigung der Backzeit mit Backpapier abdecken.

6 Den Käsekuchen etwa 10 Minuten im ausgeschalteten Backofen stehen lassen. Dann auf einem Kuchenrost in der Form stellen, den Rand mit Hilfe eines Messers lösen, den Kuchen vom Springformboden lösen, aber darauf erkalten lassen.

Tipp: *Der Kuchen lässt sich auch gut einfrieren. Zusätzlich noch 100 g Rosinen unter die Käsemasse geben. Schön sieht der Kuchen aus, wenn er kurz vor dem Servieren mit Puderzucker verziert wird. Dazu 2 cm breite Streifen aus Papier in verschiedene Längen schneiden. Die Streifen beliebig auf dem Kuchen verteilen, den Kuchen dick mit Puderzucker bestäuben und die Streifen vorsichtig abheben.*

Abwandlung: *Der Kuchen kann auch statt mit 750 g Quark mit 400 g Doppelrahm-Frischkäse, 250 g Magerquark und 400 g Schmand zubereitet werden.*

Käsekuchen mit Pudding

Zutaten

Für den Knetteig:
180 g Weizenmehl
75 g Butter oder Margarine
1 Ei (Größe M)
60 g Zucker
1 Prise Salz

1 EL Weizenmehl für den Rand

Für die Füllung:
6 Eier (Größe M)
125 g Butter
150 g Zucker
1 Pck. Pudding-Pulver Vanille-Geschmack
400 ml Milch
750 g Magerquark

Zubereitungszeit:
30 Minuten, ohne Kühlzeit

Insgesamt:
E: 185 g, F: 254 g, Kh: 511g
kJ: 22094, kcal: 5274

BELIEBT – FÜR KINDER

1 Für den Teig Mehl in eine Rührschüssel sieben. Restliche Zutaten hinzugeben und mit Handrührgerät mit Knethaken zunächst auf niedrigster, dann auf höchster Stufe gut durcharbeiten.

2 Anschließend auf einer bemehlten Arbeitsfläche zu einem glatten Teig verkneten. Sollte er kleben, ihn in Folie gewickelt 20–30 Minuten kalt stellen.

3 Zwei Drittel des Teiges auf dem Boden einer Springform (Ø 26 cm, gefettet) ausrollen. Unter den Rest des Teiges den Esslöffel Mehl kneten, zu einer Rolle formen, sie als Rand auf den Teigboden legen und so an die Form drücken, dass ein etwa 3 cm hoher Rand entsteht. Den Teigboden mehrmals mit einer Gabel einstechen.

4 Die Form auf dem Rost in den Backofen schieben. Den Boden hellbraun vorbacken.

Ober-/Unterhitze: 200–220 °C (vorgeheizt)
Heißluft: 180–200 °C (vorgeheizt)
Gas: etwa Stufe 4 (vorgeheizt)
Backzeit: etwa 12 Minuten.

5 Für die Füllung Eier trennen. Eiweiß zu steifem Schnee schlagen. Eigelb, Butter und Zucker schaumig rühren.

6 Aus Pudding-Pulver und Milch nach Packungsanleitung (aber nur mit 400 ml Milch) einen Pudding zubereiten, etwas abkühlen lassen. Pudding mit Quark unter die Eigelbmasse rühren. Zuletzt das steif geschlagene Eiweiß unterheben.

7 Die Masse auf den vorgebackenen Boden geben, glatt streichen. Springform auf dem Rost in den Backofen schieben.

Ober-/Unterhitze: etwa 180 °C (vorgeheizt)
Heißluft: etwa 160 °C (nicht vorgeheizt)
Gas: Stufe 2–3 (vorgeheizt)
Backzeit: etwa 70 Minuten.

8 Den Kuchen 10 Minuten im ausgeschalteten Backofen stehen lassen. Die Form auf einen Kuchenrost stellen, den Kuchen erkalten lassen und vom Rand der Form lösen.

Tipp: *Nur den Boden vorbacken, nach dem Backen aus dem Rest des Teiges eine Rolle formen. Die Rolle am Rand auf den Boden legen, und so an die Form drücken, dass ein etwa 3 cm hoher Rand entsteht. Dann die Füllung darauf geben und wie oben angegeben backen.*

Käsekuchen

Zutaten

Für den Knetteig:
150 g Weizenmehl
1 gestr. TL Backpulver
65 g Zucker
1 Ei (Größe M)
75 g Butter oder Margarine
1 gestr. EL Weizenmehl für den Teigrand

Für die Käsecreme:
750 g Magerquark
150 g Zucker
1 Pck. Vanillin-Zucker
2 ½ Eigelb (Größe M)
3 Tropfen Zitronen-Aroma
250 ml (¼ l) Milch
1 Pck. Käsekuchen-Hilfe
3 Eiweiß (Größe M)

Zum Bestreichen:
1 EL Milch
½ Eigelb (Größe M)

Zubereitungszeit:
30 Minuten, ohne Kühlzeit

Insgesamt:
E: 148 g, F: 137 g, Kh: 412 g, kJ: 15118, kcal: 3608

RAFFINIERT

1 Für den Teig Mehl mit Backpulver mischen, in eine Rührschüssel sieben. Restliche Zutaten hinzugeben und mit Handrührgerät mit Knethaken zunächst auf niedrigster, dann auf höchster Stufe gut durcharbeiten. Anschließend auf einer bemehlten Arbeitsfläche zu einem glatten Teig verkneten. Sollte der Teig kleben, ihn in Folie gewickelt 20–30 Minuten kalt stellen.

2 Zwei Drittel des Teiges auf dem Boden einer Springform (Ø 26 cm, gefettet) ausrollen. Unter den restlichen Teig 1 Esslöffel Mehl kneten. Dann den Teig zu einer Rolle formen, sie als Rand auf den Boden legen und so an die Form drücken, dass der Rand gut 3 cm hoch wird. Den Teigboden mehrmals mit einer Gabel einstechen. Die Form auf dem Rost in den Backofen schieben. Den Boden hellbraun vorbacken.

Ober-/Unterhitze: etwa 200 °C (vorgeheizt)
Heißluft: etwa 180 °C (vorgeheizt)
Gas: Stufe 3–4 (vorgeheizt)
Backzeit: etwa 12 Minuten.

3 Für die Käsecreme Quark, Zucker, Vanillin-Zucker, Eigelb und Aroma in eine Schüssel geben und unter Rühren nach und nach die Milch hinzufügen. Dann die Käsekuchen-Hilfe gut unterrühren und zum Schluss das zu steifem Schnee geschlagene Eiweiß unter die Quarkmasse heben.

4 Die Käsecreme gleichmäßig auf dem Tortenboden verteilen und sie vorsichtig mit dem mit Milch verschlagenen Eigelb bestreichen. Die Springform auf dem Rost in den Backofen schieben.

Ober-/Unterhitze: etwa 180 °C (vorgeheizt)
Heißluft: etwa 160 °C (nicht vorgeheizt)
Gas: Stufe 2–3 (nicht vorgeheizt)
Backzeit: 60–70 Minuten.

5 Gebäck nach dem Backen noch 15 Minuten im ausgeschalteten Backofen stehen lassen.

Tipp: *Der Kuchen hält sich 1–2 Tage frisch und ist gefriergeeignet. Zusätzlich 1 Esslöffel durch ein Sieb gestrichene Aprikosenkonfitüre und 1 Esslöffel Wasser aufkochen lassen. Gebäck nach 15 Minuten Stehzeit auf einen Kuchenrost stürzen, etwa 15 Minuten abkühlen lassen, auf eine Tortenplatte stürzen und mit der Aprikosenkonfitüre bestreichen.*
Zusätzlich noch 100 g Rosinen unter die Käsemassse geben.

Abwandlung: *Sie können zusätzlich Mohnmasse aus 1 Päckchen Mohnback (250 g), 1 Ei und 3 Esslöffel der Käsemassse vermischen, in einen Spritzbeutel mit Lochtülle füllen und Kleckse in die Käsemasse spritzen. Käsemasse vorsichtig darüber streichen (Überraschung im Anschnitt).*

ROSTFREI

Quarkschaumtorte

Zutaten

Für die Quarkmasse:
175 g weiche Butter
150 g Zucker
abgeriebene Schale von
1 Zitrone (unbehandelt)
oder 1 Pck. Finesse
Geriebene Zitronenschale
2–3 EL Zitronensaft
7 Eier (Größe M)
750 g Magerquark
75 g Weizengrieß

Zum Bestäuben:
30 g Puderzucker

Zubereitungszeit:
20 Minuten

Insgesamt:
E: 162 g, F: 193 g, Kh: 269 g,
kJ: 15161, kcal: 3621

GUR VORZUBEREITEN

1 Für die Quarkmasse Butter mit Handrührgerät mit Rührbesen auf höchster Stufe geschmeidig rühren. Nach und nach Zucker, Zitronenschale und -saft dazugeben und so lange rühren, bis eine gebundene Masse entstanden ist.

2 Eier nach und nach unterrühren (jedes Ei etwa ½ Minute). Quark mit Grieß portionsweise auf mittlerer Stufe unterrühren.

3 Quarkmasse in eine Springform (Ø 28 cm, Boden gefettet) füllen und glatt streichen. Form auf dem Rost in den Backofen schieben.

Ober-/Unterhitze: etwa 180 °C (vorgeheizt)
Heißluft: etwa 160 °C (nicht vorgeheizt)
Gas: Stufe 2–3 (nicht vorgeheizt)
Backzeit: etwa 60 Minuten.

4 Den gebackenen Kuchen noch etwa 30 Minuten im ausgeschalteten Backofen bei leicht geöffneter Backofentür stehen lassen, erst dann herausnehmen und in der Form auf einem Kuchenrost erkalten lassen.

5 Kuchen aus der Form lösen und kurz vor dem Servieren rundherum auf der Tortenoberfläche mit Puderzucker bestäuben.

Tipp: *Maximal einen Tag vor dem Verzehr zubereiten. Die Torte ist gefriergeeignet. Eine Tortenspitze mit Muster auf die Oberfläche legen, darüber Puderzucker sieben. Die Tortenspitze vorsichtig abheben.*

Abwandlung: *Statt Weizengrieß kann auch 1 Päckchen Pudding-Pulver Vanille-Geschmack verwendet und zusätzlich 50 g Korinthen unter die Masse gehoben werden.*
Erfrischend schmeckt die Torte, wenn 1 Glas (Einwaage 390 g) sehr gut abgetropfte Stachelbeeren unter die Masse gehoben werden.

Ganz feiner Käsekuchen

Zutaten

Für den Knetteig:
200 g Weizenmehl
½ gestr. TL Backpulver
100 g Zucker
1 Pck. Vanillin-Zucker
1 Eigelb (Größe M)
150 g Butter

Für die Käsemasse:
200 g Butter
200 g Zucker
6 Eigelb (Größe M)
abgeriebene Schale von
1 Zitrone (unbehandelt)
750 g Magerquark
200 ml Schlagsahne
1 Pck. Pudding-Pulver
Sahne-Geschmack
6 Eiweiß (Größe M)

Zubereitungszeit:
45 Minuten, ohne Kühlzeit

Insgesamt:
E: 173 g, F: 399 g, Kh: 534 g,
kJ: 27781, kcal: 6635

KLASSISCH

1 Für den Teig Mehl und Backpulver mischen und in eine Rührschüssel sieben. Zucker, Vanillin-Zucker, Eigelb und Butter hinzufügen und mit Handrührgerät mit Knethaken zunächst auf niedrigster, dann auf höchster Stufe gut durcharbeiten.

2 Anschließend auf einer bemehlten Arbeitsfläche zu einem glatten Teig verkneten. Sollte der Teig kleben, ihn in Folie gewickelt 20–30 Minuten kalt stellen.

3 Zwei Drittel des Teiges auf dem Boden einer Springform (Ø 28 cm, gefettet) ausrollen und mehrmals mit einer Gabel einstechen. Den Springformrand darumlegen und die Form auf dem Rost in den Backofen schieben.

Ober-/Unterhitze: etwa 200 °C (vorgeheizt)
Heißluft: etwa 180 °C (vorgeheizt)
Gas: Stufe 3–4 (vorgeheizt)
Backzeit: etwa 15 Minuten.

4 Den Tortenboden in der Form auf einem Kuchenrost erkalten lassen.

5 Den übrigen Teig zu einer Rolle formen und sie als Rand auf den vorgebackenen Boden legen. So an die Form drücken, dass ein etwa 4 cm hoher Rand entsteht.

6 Für die Käsemasse Butter mit Handrührgerät mit Rührbesen geschmeidig rühren. Nach und nach Zucker, Eigelb und Zitronenschale unterrühren.

7 Anschließend Quark und Sahne, dann das Pudding-Pulver unterrühren.

8 Eiweiß steif schlagen und unterziehen. Die Masse auf den vorgebackenen Knetteigboden füllen, glatt streichen und die Form auf dem Rost in den Backofen schieben.

Ober-/Unterhitze: etwa 160 °C (vorgeheizt)
Heißluft: etwa 140 °C (nicht vorgeheizt)
Gas: Stufe 1–2 (nicht vorgeheizt)
Backzeit: etwa 80 Minuten.

9 Das Gebäck in der Form auf einem Kuchenrost erkalten lassen, dann den Springformrand lösen.

Fürsten-Käse-Torte

Zutaten

Für den Knetteig:
200 g Weizenmehl
1 gestr. TL Backpulver
100 g Butter
50 g gesiebter Puderzucker
1 Pck. Vanillin-Zucker
50 g Marzipan-Rohmasse
1 Prise Salz

2 EL Aprikosenkonfitüre
1 heller Wiener Boden
(etwa ½ cm hoch)

Für die Quarkmasse:
1 kg Magerquark
180 g Zucker
45 g Speisestärke
3 gestr. TL Backpulver
3 Eier (Größe M)
Saft und abgeriebene Schale
von 1 Zitrone (unbehandelt)
200 ml Milch oder Schlagsahne
100 g zerlassene,
abgekühlte Butter

Für die Mandelmasse:
50 g zerlassene Butter
70 g Zucker
1 Ei (Größe M)
50 g abgezogene,
gehobelte Mandeln

Zubereitungszeit:
45 Minuten

Insgesamt:
E: 222 g, F: 296 g, Kh: 663 g,
kJ: 27006, kcal: 6448

FÜR GÄSTE

1 Für den Knetteig Mehl mit Backpulver mischen und in eine Rührschüssel sieben. Die anderen Zutaten hinzufügen. Mit Handrührgerät mit Knethaken zunächst auf niedrigster, dann auf höchster Stufe gut durcharbeiten. Anschließend auf der Arbeitsfläche zu einem glatten Teig verkneten.

2 Die Hälfte des Teiges auf dem Boden einer Springform (Ø 28 cm, Boden gefettet) ausrollen und mehrmals mit einer Gabel einstechen, den Springformrand darumlegen. Die Form auf dem Rost in den Backofen schieben. Den Boden hellbraun vorbacken.

Ober-/Unterhitze: etwa 200 °C (vorgeheizt)
Heißluft: etwa 180 °C (vorgeheizt)
Gas: Stufe 3–4 (vorgeheizt)
Backzeit: etwa 12 Minuten.

3 Die übrige Teighälfte zu einer Rolle formen, sie als Rand auf den vorgebackenen Boden legen und etwa 3 cm am Rand hochdrücken. Dann den Boden mit Aprikosenkonfitüre bestreichen und mit dem Wiener Boden belegen.

4 Für die Quarkmasse alle Zutaten glatt rühren, auf den Boden geben und glatt streichen.

5 Für die Mandelmasse Butter, Zucker und Ei verrühren. Die Mandeln unterrühren.

6 Die Masse gleichmäßig auf der Quarkmasse verteilen, die Form auf dem Rost in den Backofen schieben.

Ober-/Unterhitze: etwa 180 °C (vorgeheizt)
Heißluft: etwa 160 °C (nicht vorgeheizt)
Gas: Stufe 2–3 (nicht vorgeheizt)
Backzeit: etwa 70 Minuten.

Tipp: *Für den **Wiener Boden** aus 1 Ei, 1 Esslöffel heißem Wasser, 40 g Zucker, 1 Päckchen Vanillin-Zucker, 50 g Weizenmehl, 25 g Speisestärke, ½ Teelöffel Backpulver und 25 g zerlassener Butter einen Biskuitteig zubereiten, in einer Springform (Ø 28 cm, gefettet, mit Backpapier belegt) backen.*

Ober-/Unterhitze: etwa 180 °C (vorgeheizt)
Heißluft: etwa 160 °C (vorgeheizt)
Gas: Stufe 2–3 (vorgeheizt)
Backzeit: etwa 20 Minuten.

Quark-Grieß-Kuchen mit Obst

Zutaten

Für den Knetteig:
175 g Weizenmehl
1 gestr. TL Backpulver
100 g Zucker
1 Pck. Vanillin-Zucker
5 Tropfen Butter-Vanille-Aroma
½ Pck. Finesse Geriebene Zitronenschale
1 Prise Salz
1 Ei (Größe M)
100 g Butter oder Margarine

Zum Bestreuen:
2 EL Semmelbrösel

Für die Füllung:
1 Glas entsteinte Sauerkirschen (Abtropfgewicht 370 g)
3–4 Äpfel
500 g Magerquark
100 g Zucker
1 Pck. Vanillin-Zucker
1 Pck. Finesse Geriebene Zitronenschale
3 Eier (Größe M)
25 g Weizengrieß
2 EL Schlagsahne

Für den Belag:
1 Pck. Tortenguss, rot
20 g Zucker
250 ml (¼ l) Sauerkirschsaft

Zubereitungszeit:
45 Minuten, ohne Abkühlzeit

Insgesamt:
E: 116 g, F: 178 g, Kh: 565 g,
kJ: 18904, kcal: 4511

FÜR KINDER

1 Für den Teig Mehl mit Backpulver mischen, in eine Rührschüssel sieben. Restliche Zutaten hinzufügen, mit Handrührgerät mit Knethaken zunächst kurz auf niedrigster, dann auf höchster Stufe gut durcharbeiten.

2 Anschließend auf der Arbeitsfläche zu einem glatten Teig verkneten, ihn eine Zeit lang kalt stellen.

3 Zwei Drittel des Teiges auf einem Springformboden (Ø 26 cm, gefettet) ausrollen. Mehrmals mit einer Gabel einstechen. Springformrand um den Boden legen. Die Form auf dem Rost in den Backofen schieben. Den Boden hellbraun vorbacken.

Ober-/Unterhitze: etwa 200 °C (vorgeheizt)
Heißluft: etwa 180 °C (vorgeheizt)
Gas: Stufe 3–4 (vorgeheizt)
Backzeit: etwa 15 Minuten.

4 Boden etwas abkühlen lassen. Restlichen Teig zu einer Rolle formen, als Rand auf den Boden legen und so andrücken, dass ein etwa 3 cm hoher Rand entsteht. Den Boden mit Semmelbröseln bestreuen.

5 Für die Füllung Sauerkirschen gut abtropfen lassen, Saft auffangen. Äpfel schälen, vierteln, entkernen und in grobe Stücke schneiden. Knapp die Hälfte der Sauerkirschen und Äpfel auf dem Kuchenboden verteilen.

6 Quark, Zucker, Vanillin-Zucker, Zitronenschale, Eier, Grieß und Sahne glatt rühren und über den Obstbelag streichen. Die restlichen Apfelstücke auf dem Quarkguss verteilen. Die Form wieder auf dem Rost in den Backofen schieben.

Ober-/Unterhitze: etwa 180 °C (vorgeheizt)
Heißluft: etwa 160 °C (nicht vorgeheizt)
Gas: Stufe 2–3 (nicht vorgeheizt)
Backzeit: etwa 45 Minuten.

7 Kuchen auf einen Kuchenrost stellen und nach dem Erkalten aus der Form lösen.

8 Für den Belag restliche Sauerkirschen auf dem Kuchen verteilen. Den Tortenguss mit Zucker und Sauerkirschsaft nach Packungsanleitung zubereiten und über das Obst verteilen.

Tipp: *Schmeckt am besten frisch. Lässt sich auch gut mit Aprikosen oder Stachelbeeren zubereiten.*

Quark-Sahnecreme-Torte

Zutaten

Für den Rührteig:
125 g Butter oder Margarine
125 g Zucker
1 Pck. Vanillin-Zucker
1 Ei (Größe M)
2 Eiweiß (Größe M)
75 g Weizenmehl
50 g Speisestärke
1 gestr. TL Backpulver

Für die Füllung:
1 Pck. gemahlene Gelatine, weiß
3 EL kaltes Wasser
2 Eigelb (Größe M)
150 g Zucker
1 Pck. Vanillin-Zucker
250 ml (¼ l) Milch
etwas geriebene Zitronenschale (unbehandelt)
einige Tropfen Zitronen-Aroma
2 EL Zitronensaft
500 g Magerquark
250 ml (¼ l) Schlagsahne
60 g Rosinen

Zum Bestreuen und Bestäuben:
abgezogene, gehobelte, gebräunte Mandeln
Puderzucker

Zubereitungszeit:
45 Minuten, ohne Kühl- und Quellzeit

Insgesamt:
E: 190 g, F: 229 g, Kh: 499 g, kJ: 20811, kcal: 4970

GEFRIERGEEIGNET – EINFACH

1 Für den Teig Butter oder Margarine mit Handrührgerät mit Rührbesen auf höchster Stufe geschmeidig rühren, nach und nach Zucker und Vanillin-Zucker unterrühren. So lange rühren, bis eine gebundene Masse entstanden ist. Ei und Eiweiß jeweils in etwa ½ Minute unterrühren.

2 Mehl mit Speisestärke und Backpulver mischen, sieben, portionsweise auf mittlerer Stufe unterrühren. Den Teig in eine Springform (Ø 26 cm, Boden gefettet) füllen und glatt streichen. Form auf dem Rost in den Backofen schieben.

Ober-/Unterhitze: etwa 180 °C (vorgeheizt)
Heißluft: etwa 160 °C (vorgeheizt)
Gas: Stufe 2–3 (vorgeheizt)
Backzeit: etwa 25 Minuten.

3 Den Tortenboden aus der Springform lösen und auf einen Kuchenrost legen. Gut auskühlen lassen.

4 Für die Füllung Gelatine mit Wasser in einem kleinen Topf anrühren, 10 Minuten zum Quellen stehen lassen.

5 Eigelb mit Zucker, Vanillin-Zucker und Milch unter ständigem Schlagen erhitzen, von der Kochstelle nehmen, die gequollene Gelatine und Zitronenschale und -Aroma hinzufügen. So lange rühren, bis die Gelatine gelöst ist. Zitronensaft hinzufügen und die Creme kurz kalt stellen.

6 Sobald die Masse anfängt dicklich zu werden, Quark unterrühren. Sahne steif schlagen, zusammen mit den Rosinen unterheben.

7 Den Tortenboden einmal waagerecht durchschneiden, den unteren Boden auf eine Tortenplatte legen, einen Tortenring (Springformrand) darumlegen.

8 Die Creme gleichmäßig auf dem Tortenboden verteilen, mit der oberen Tortenbodenhälfte bedecken und etwa 3 Stunden kalt stellen. Den Tortenring vorsichtig lösen und entfernen.

9 Den Rand der Torte mit Mandeln bestreuen, die Oberfläche mit Puderzucker bestäuben.

Tipp: *Bestreichen Sie den Rand mit etwas Aprikosenkonfitüre, dann halten die Mandeln besser. Maximal einen Tag vor dem Verzehr zubereiten.*

Quark-Sahne-Torte

Zutaten

Für den Knetteig:
100 g Weizenmehl
40 g Zucker
1 Pck. Vanillin-Zucker
65 g Butter oder Margarine

Für den Biskuitteig:
3 Eier (Größe M)
75 g Zucker
etwas abgeriebene
Zitronenschale (unbehandelt)
50 g Weizenmehl
50 g Speisestärke
1 Msp. Backpulver
50 g zerlassene, lauwarme
Butter oder Margarine

Zum Bestreichen:
3 EL Aprikosenkonfitüre

Für die Füllung:
10 Blatt weiße Gelatine
150 ml Milch
100 g Zucker
1 Pck. Vanillin-Zucker
3 Eigelb (Größe M)
Mark von ½ Vanilleschote
400 g Magerquark
1 Pck. Finesse Orangenfrucht
1 EL Zitronensaft
1 EL Orangensaft
500 ml (½ l) Schlagsahne
1 Dose Mandarinenspalten
(Abtropfgewicht 175 g)

Zum Garnieren:
Erdbeerhälften
Mandarinenspalten
gehackte Pistazien

Zubereitungszeit:
50 Minuten, ohne Kühlzeit

Insgesamt:
E: 214 g, F: 306 g, Kh: 499 g,
kJ: 24246, kcal: 5792

FÜR GÄSTE – GEFRIERGEEIGNET

1 Für den Knetteig Mehl in eine Rührschüssel sieben. Zucker, Vanillin-Zucker und Butter oder Margarine hinzufügen. Die Zutaten mit Handrührgerät mit Knethaken zunächst kurz auf niedrigster, dann auf höchster Stufe gut durcharbeiten. Anschließend auf der bemehlten Arbeitsfläche zu einem glatten Teig verkneten. Sollte er kleben, ihn eine Zeit lang kalt stellen.

2 Den Teig auf dem Boden einer Springform (Ø 26 cm, Boden gefettet) ausrollen, mehrmals mit einer Gabel einstechen. Den Springformrand darumlegen. Die Form auf den Rost in den Backofen schieben.

Ober-/Unterhitze: etwa 200 °C (vorgeheizt)
Heißluft: etwa 180 °C (vorgeheizt)
Gas: etwa Stufe 4 (vorgeheizt)
Backzeit: 12–15 Minuten.

3 Sofort nach dem Backen den Boden vom Springformboden lösen, aber darauf erkalten lassen.

4 Für den Biskuitteig Eier mit Handrührgerät mit Rührbesen auf höchster Stufe in 1 Minute schaumig schlagen. Zucker und Zitronenschale mischen, in 1 Minute einstreuen, dann noch etwa 2 Minuten schlagen. Mehl, Speisestärke und Backpulver mischen, auf die Eiercreme sieben und kurz auf niedrigster Stufe unterarbeiten, dann nach und nach das Fett hinzufügen.

5 Den Teig in die Springform (Ø 26 cm, Boden gefettet, mit Backpapier belegt) füllen. Form sofort auf dem Rost in den Backofen schieben.

Ober-/Unterhitze: etwa 180 °C (vorgeheizt)
Heißluft: etwa 160 °C (vorgeheizt)
Gas: Stufe 2–3 (vorgeheizt)
Backzeit: etwa 30 Minuten.

6 Den Tortenboden aus der Form lösen, auf einen mit Backpapier belegten Kuchenrost stürzen. Das Backpapier entfernen. Den Boden erkalten lassen und einmal waagerecht durchschneiden.

7 Den Knetteigboden auf eine Tortenplatte legen, mit der Aprikosenkonfitüre bestreichen und mit dem unteren Biskuitboden bedecken. Den gesäuberten Springformrand (mit einem Papierstreifen ausgelegt) darumlegen und schließen.

8 Für die Füllung Gelatine in kaltem Wasser nach Packungsanleitung einweichen. Milch, Zucker, Vanillin-Zucker, Eigelb und Vanillemark unter ständigem Schlagen erhitzen, von der Kochstelle nehmen. Die ausgedrückte Gelatine in die heiße Flüssigkeit geben und so lange rühren, bis sie gelöst ist. Quark, Orangenfrucht und Zitronen- und Orangensaft unterrühren. Sahne steif schlagen.

(Fortsetzung Seite 28)

9 Sobald die Masse anfängt dicklich zu werden, zwei Drittel der steif geschlagenen Sahne unterziehen.

10 Mandarinenspalten in ein Sieb zum Abtropfen geben. Die gut abgetropften Mandarinenspalten auf dem Biskuitboden in der Form verteilen. Zwei Drittel der Quarksahnemasse darauf streichen und mit dem zweiten Biskuitboden belegen. Die restliche Quarksahnemasse darauf streichen. Die Torte 2–3 Stunden kalt stellen. Wenn die Füllung fest ist, Springformrand und das Papier lösen und entfernen.

11 Die Torte mit der restlichen Sahne verzieren und nach Belieben mit Erdbeerhälften, Mandarinenspalten und Pistazien garnieren.

Tipp: *Maximal einen Tag vor dem Verzehr zubereiten. Anstelle der Mandarinen können auch frische Himbeeren oder Erdbeeren eingeschichtet werden.*

Käse-Sahne-Torte mit Pfiff

Zutaten

Für den All-in-Teig:
125 g Weizenmehl
3 gestr. TL Backpulver
125 g Zucker
1 Pck. Vanillin-Zucker
3 Eier (Größe M)
125 g Butter oder Margarine

Für die Füllung:
10 Blatt weiße Gelatine
200 ml Weißwein
75 g Zucker
500 g Magerquark
500 ml (½ l) Schlagsahne

Zubereitungszeit:
30 Minuten, ohne Kühlzeit

Insgesamt:
E: 203 g, F: 283 g, Kh: 332 g, kJ: 20722, kcal: 4950

GEHT SCHNELL – EINFACH

1 Für den Teig alle Zutaten in eine Rührschüssel geben, mit Handrührgerät mit Rührbesen in 2 Minuten zu einem glatten Teig verrühren, in eine Springform (Ø 26 cm, Boden gefettet) füllen. Form auf dem Rost in den Backofen schieben.

Ober-/Unterhitze: etwa 180 °C (vorgeheizt)
Heißluft: etwa 160 °C (vorgeheizt)
Gas: Stufe 2–3 (vorgeheizt)
Backzeit: etwa 25 Minuten.

2 Boden aus der Form lösen, auf einem Kuchenrost erkalten lassen und einmal waagerecht durchschneiden.

3 Für die Füllung Gelatine in kaltem Wasser nach Packungsanleitung einweichen. Weißwein, Zucker und Quark verrühren. Gelatine ausdrücken. Die ausgedrückte Gelatine in einem kleinen Topf unter Rühren erwärmen (nicht kochen), bis sie völlig gelöst ist, leicht abkühlen lassen und unterrühren. Sahne steif schlagen und unterheben.

4 Die Masse auf den unteren Boden streichen, mit dem oberen Boden bedecken und die Torte für etwa 2 Stunden kalt stellen.

Für eine Orangen-Käse-Torte:
Boden und Füllung ebenso zubereiten (statt Weißwein Orangensaft und evtl. Cointreau verwenden). Für den Obstbelag 5 Orangen filetieren und auf der Oberfläche verteilen. Den Guss aus 1 Päckchen Tortenguss, klar, 250 ml (¼ l) Wasser und 20 g Zucker nach Packungsanleitung zubereiten, auf den Früchten verteilen und mit 40 g gebräunten, gehobelten Mandeln bestreuen.

Zitronen-Quark-Sahne-Torte

Zutaten

Für den Rührteig:
150 g Butter
150 g Zucker
1 Pck. Vanillin-Zucker
1 Prise Salz
3 Eier (Größe M)
150 g Weizenmehl
1 gestr. TL Backpulver

Für die Füllung:
2 Pck. gemahlene Gelatine, weiß
6 EL kaltes Wasser
100 ml Zitronensaft
125 g Zucker
1 Pck. Vanillin-Zucker
500 g Magerquark
500 g Sahnequark (40 %)
abgeriebene Schale von
1 Zitrone (unbehandelt)
500 ml (½ l) Schlagsahne

Zum Bestäuben:
Puderzucker

Zubereitungszeit:
30 Minuten, ohne Kühl- und Quellzeit

Insgesamt:
E: 190 g, F: 356 g, Kh: 459 g, kJ: 25168, kcal: 6012

FÜR GÄSTE – BELIEBT

1 Für den Teig Butter mit Handrührgerät mit Rührbesen auf höchster Stufe geschmeidig rühren, nach und nach Zucker, Vanillin-Zucker und Salz unterrühren, so lange rühren, bis eine gebundene Masse entstanden ist.

2 Eier nach und nach unterrühren (jedes Ei etwa ½ Minute). Mehl mit Backpulver mischen, sieben, portionsweise auf mittlerer Stufe unterrühren.

3 Den Teig in eine Springform (Ø 26 cm, Boden gefettet) füllen und glatt streichen. Die Form auf dem Rost in den Backofen schieben.

Ober-/Unterhitze: etwa 180 °C (vorgeheizt)
Heißluft: etwa 160 °C (vorgeheizt)
Gas: Stufe 2–3 (vorgeheizt)
Backzeit: 25–30 Minuten.

4 Den Boden aus der Form lösen, auf einem Kuchenrost erkalten lassen. Den Tortenboden einmal waagerecht durchschneiden.

5 Für die Füllung Gelatine mit Wasser in einem kleinen Topf anrühren und 10 Minuten zum Quellen stehen lassen.

6 Zitronensaft, Zucker und Vanillin-Zucker miteinander verrühren.

7 Quark und Zitronenschale unterrühren. Die Gelatine unter Rühren erwärmen, bis sie gelöst ist, mit etwas von der Quarkmasse verrühren und unter die restliche Quarkmasse rühren.

8 Sahne steif schlagen und unter die Quarkmasse heben. Um den unteren Tortenboden einen Tortenring (Springformrand, mit Backpapier belegt) stellen, die Quarkmasse einfüllen und glatt streichen.

9 Den oberen Tortenboden in 16 Stücke schneiden und auf die Füllung legen. Gebäck mindestens 3 Stunden kalt stellen. Dann Ring lösen, die Torte mit Puderzucker bestäuben und kalt servieren.

Tipp: *Die Torte bleibt 1–2 Tage frisch. Sie ist gefriergeeignet. Die Torte schmeckt auch gut mit Mandarinen (Abtropfgewicht 175 g) in der Quarkmasse.*

Blitz-Käsetorte

Zutaten

Für den Tortenboden:
150 g Löffelbiskuits
120 g Butter

Für die Füllung:
1 Beutel aus 1 Pck. Götterspeise Zitronen-Geschmack
200 ml Wasser
200 g Doppelrahm-Frischkäse
125 g Zucker
1 Pck. Vanillin-Zucker
2 EL Zitronensaft
500 ml (½ l) Schlagsahne

Für den Belag:
60 g Löffelbiskuits

Zubereitungszeit:
25 Minuten, ohne Kühl- und Quellzeit

Insgesamt:
E: 55 g, F: 327 g, Kh: 262 g,
kJ: 18150, kcal: 4337

BELIEBT – EINFACH

1 Für den Boden die Löffelbiskuits in einen Gefrierbeutel geben und verschließen. Die Löffelbiskuits mit einer Teigrolle zerdrücken und in eine Schüssel geben.

2 Die Butter zerlassen, zu den Löffelbiskuits geben und gut verrühren. Die Masse gleichmäßig auf dem Boden einer Springform (Ø 26 cm, gefettet) verteilen und gut andrücken.

3 Für die Füllung die Götterspeise mit dem Wasser anrühren, 10 Minuten zum Quellen stehen lassen. Dann unter Rühren erhitzen, bis die Götterspeise gelöst ist. Etwas abkühlen lassen.

4 Den Frischkäse mit Zucker, Vanillin-Zucker und Zitronensaft verrühren. Die lauwarme Götterspeise unterrühren. Wenn die Masse anfängt dicklich zu werden, die Sahne steif schlagen und unterheben. Die Käsemasse auf dem Boden verteilen und glatt streichen.

5 Für den Belag die Löffelbiskuits zerkrümeln und in Häufchen auf der Käsemasse anrichten. Die Torte 1–2 Stunden kalt stellen. Dann aus der Form lösen.

Tipp: *Die Torte schmeckt am besten frisch. Anstelle der Zitronen-Götterspeise schmeckt auch Götterspeise mit Himbeer- oder Waldmeister-Geschmack.*

Abwandlung: Käse-Wein-Torte

1 Pck. Gelatine, gemahlen weiß
4 EL Kaltes Wasser
200 g Doppelrahm-Frischkäse
6 EL Zucker
1 Pck. Vanillin-Zucker
Saft von 2 Zitronen
250 ml (1/4 l) Weißwein
500 ml (1/2 l) Schlagsahne

1. Boden wie oben angegeben zubereiten.
2. Für den Belag Gelatine mit Wasser in einem kleinen Topf anrühren, 10 Minuten zum Quellen stehen lassen. Frischkäse mit Zucker, Vanillin-Zucker, Zitronensaft und Wein verrühren.
3. Gelatine unter Rühren erwärmen (nicht kochen), bis sie völlig gelöst ist, leicht abkühlen lassen und unter die Frischkäsemasse rühren.
4. Wenn die Masse anfängt dicklich zu werden, Sahne steif schlagen, unterheben. Die Masse auf den Boden geben und glatt streichen. Die Torte 2–3 Stunden kalt stellen. Dann aus der Form lösen.

Kleiner Käsekuchen

Zutaten

Für den Knetteig:
150 g Weizenmehl
½ gestr. TL Backpulver
50 g Zucker
1 Pck. Vanillin-Zucker
1 Ei (Größe M)
100 g Butter

Für die Käsemasse:
250 g Magerquark
50 g Zucker
2 Eigelb (Größe M)
abgeriebene Schale von
1 Zitrone (unbehandelt)
1 Pck. Saucen-Pulver
Vanille-Geschmack
2 Eiweiß (Größe M)

Zum Aprikotieren:
1 EL Aprikosenkonfitüre
1 EL Wasser

Zum Bestreuen:
40 g gehackte Pistazienkerne

Zum Garnieren:
Kumquatscheiben

Zubereitungszeit:
35 Minuten, ohne Kühlzeit

Insgesamt:
E: 82 g, F: 126 g, Kh: 259 g,
kJ: 10901, kcal: 2603

ZUM VERSCHENKEN

1 Für den Teig Mehl mit Backpulver mischen, in eine Rührschüssel sieben. Zucker, Vanillin-Zucker, Ei und Butter hinzufügen und mit Handrührgerät mit Knethaken zunächst auf niedrigster, dann auf höchster Stufe gut durcharbeiten.

2 Anschließend auf einer bemehlten Arbeitsfläche zu einem glatten Teig verkneten. Sollte der Teig kleben, ihn in Folie gewickelt 30 Minuten kalt stellen.

3 Den Teig auf einer bemehlten Arbeitsfläche nochmals gut durchkneten. Zwei Drittel des Teiges auf dem Boden einer Springform (Ø 20 cm, gefettet) ausrollen. Restlichen Teig zu einer Rolle formen, auf den Boden legen und so an den Rand der Springform drücken, dass ein etwa 3 cm hoher Rand entsteht.

4 Für die Käsemasse Quark, Zucker, Eigelb, Zitronenschale und Saucen-Pulver verrühren. Eiweiß steif schlagen und unter die Quarkmasse heben. Die Masse auf den Knetteigboden geben und glatt streichen. Form auf dem Rost in den Backofen schieben.

Ober-/Unterhitze: etwa 180 °C (vorgeheizt)
Heißluft: etwa 160 °C (nicht vorgeheizt)
Gas: Stufe 2–3 (nicht vorgeheizt)
Backzeit: 45 Minuten.

5 Das Gebäck sofort nach dem Backen aus der Form stürzen, aber wieder umdrehen.

6 Zum Aprikotieren Konfitüre durch ein Sieb streichen, mit Wasser verrühren und etwas einkochen lassen. Das noch warme Gebäck damit bestreichen und erkalten lassen.

7 Den Kuchenrand mit Pistazien bestreuen und den Boden mit Kumquatscheiben garnieren.

Abwandlung: *Für einen Käsekuchen in einer Springform (Ø 26 cm) folgende Zutaten verwenden:*

Für den Knetteig:
200 g Weizenmehl, 1 gestrichener Teelöffel Backpulver, 100 g Zucker, 1 Ei (Größe M) und 100 g Butter oder Margarine. Für die Käsemasse: 500 g Magerquark, 100 g Zucker, 3 Eigelb (Größe M), 1 Päckchen Finesse Geriebene Zitronenschale, 1 Päckchen Pudding-Pulver Vanille-Geschmack.

Käsekuchen mit Erdbeerbelag

Zutaten

Für den Knetteig:
200 g Weizenmehl
50 g gesiebter Puderzucker
1 Ei (Größe M)
100 g Butter oder Margarine

Für die Füllung:
500 g Schichtkäse
150 g gesiebter Puderzucker
4 Eigelb (Größe M)
abgeriebene Schale von
1 Zitrone (unbehandelt)
4 Eiweiß (Größe M)
100 g zerlassene Butter

Für den Belag:
500 g Erdbeeren
75 g gesiebter Puderzucker
3 EL Zitronensaft
1 EL gehackte Minze
1 Pck. Tortenguss, rot
evtl. etwas Apfelsaft oder
Weißwein

Zubereitungszeit:
50 Minuten, ohne Durchziehzeit

Insgesamt:
E: 121 g, F: 276 g, Kh: 465 g
kJ: 20978, kcal: 5015

FÜR GÄSTE – RAFFINIERT

1 Für den Teig Mehl in eine Rührschüssel sieben. Puderzucker, Ei und Butter oder Margarine hinzufügen. Die Zutaten mit Handrührgerät mit Knethaken zunächst kurz auf niedrigster, dann auf höchster Stufe gut durcharbeiten. Anschließend auf der Arbeitsfläche zu einem glatten Teig verkneten. Sollte der Teig kleben, ihn eine Zeit lang kalt stellen. Gut zwei Drittel des Teiges auf dem Boden einer Springform (Ø 26 cm, gefettet) ausrollen, Springformrand darumlegen.

2 Den Rest des Teiges zu einer Rolle formen, als Rand auf den Teigboden legen und so an die Form drücken, dass ein etwa 3 cm hoher Rand entsteht. Den Teigboden mehrere Male mit einer Gabel einstechen.

3 Für die Füllung Schichtkäse mit 125 g Puderzucker, Eigelb und Zitronenschale gut verrühren. Eiweiß mit dem restlichen Puderzucker steif schlagen, unterheben und die Butter vorsichtig unterrühren. Die Masse auf den Teigboden geben, glatt streichen. Die Form auf dem Rost in den Backofen schieben.

Ober-/Unterhitze: etwa 180 °C (vorgeheizt)
Heißluft: etwa 160 °C (nicht vorgeheizt)
Gas: Stufe 2–3 (nicht vorgeheizt)
Backzeit: etwa 70 Minuten.

4 Die Form auf einen Kuchenrost stellen, den Kuchen erkalten lassen.

5 Für den Belag die Erdbeeren waschen, abtropfen lassen, entstielen, halbieren oder in Scheiben schneiden, mit Puderzucker, Zitronensaft und Minze vorsichtig mischen und etwa 1 Stunde durchziehen lassen.

6 Die Erdbeeren in ein Sieb geben, dabei den Saft auffangen, Erdbeeren auf der Oberfläche des abgekühlten Käsekuchens verteilen. Erdbeersaft evtl. mit Apfelsaft oder Wein auf 250 ml (¼ l) auffüllen. Aus Tortenguss und der abgemessenen Flüssigkeit nach Packungsanleitung einen Guss zubereiten, auf die Erdbeeren geben und erkalten lassen.

Tipp: *Den Boden ohne Rand etwa 12 Minuten bei 200 °C (180 °C, Stufe 2–3) vorbacken, dann den Teig als Rolle und als Rand andrücken.*

Kirsch-Käse-Kuchen

Zutaten

Für den Biskuitteig:
1 Ei (Größe M)
3 EL heißes Wasser
75 g Zucker
1 Pck. Vanillin-Zucker
100 g Weizenmehl
1 gestr. TL Backpulver
30 g zerlassene, abgekühlte Butter

1 Glas Sauerkirschen (Abtropfgewicht 370 g)
30 g Speisestärke

Für den Knetteig:
200 g Weizenmehl
1 gestr. TL Backpulver
75 g Zucker
1 Pck. Vanillin-Zucker
1 Ei (Größe M)
75 g Butter

Zum Bestreichen:
1 EL Aprikosenkonfitüre

Für die Füllung:
750 g Magerquark
200 g Zucker
1 Pck. Käsekuchen-Hilfe
4 Eier (Größe M)
250 ml (¼ l) Milch
1 Prise Salz
1 EL Zitronensaft
250 ml (¼ l) Schlagsahne

Zubereitungszeit:
45 Minuten, ohne Kühlzeit

Insgesamt:
E: 201 g, F: 224 g, Kh: 786 g, kJ: 25953, kcal: 6195

FÜR GÄSTE – RAFFINIERT

1 Für den Biskuitteig Ei und heißes Wasser mit Handrührgerät mit Rührbesen auf höchster Stufe in 1 Minute schaumig schlagen. Zucker mit Vanillin-Zucker mischen, in 1 Minute einstreuen, dann noch etwa 2 Minuten schlagen.

2 Mehl mit Backpulver mischen, die Hälfte davon auf die Eicreme sieben, kurz auf niedrigster Stufe unterrühren. Den Rest des Mehlgemisches auf dieselbe Weise unterarbeiten.

3 Butter zuletzt unter den Teig rühren. Den Teig in eine Springform (Ø 26 cm, Boden gefettet, mit Backpapier belegt) füllen. Form auf dem Rost in den Backofen schieben.

Ober-/Unterhitze: etwa 180 °C (vorgeheizt)
Heißluft: etwa 160 °C (vorgeheizt)
Gas: Stufe 2–3 (vorgeheizt)
Backzeit: etwa 15 Minuten.

4 Den Boden aus der Form lösen, auf einen mit Backpapier belegten Kuchenrost stürzen, Backpapier entfernen und erkalten lassen.

5 Sauerkirschen zum Abtropfen in ein Sieb geben, Saft auffangen und in einem kleinen Topf zum Kochen bringen. Speisestärke mit etwas Saft verrühren und in die kochende, von der Kochstelle genommenen Flüssigkeit einrühren. Nochmals kurz aufkochen lassen. Die Kirschen unterrühren und die Masse etwas abkühlen lassen.

6 Für den Knetteig Mehl mit Backpulver mischen, in eine Rührschüssel sieben. Zucker, Vanillin-Zucker, Ei und Butter hinzufügen, die Zutaten mit Handrührgerät mit Knethaken zunächst kurz auf niedrigster, dann auf höchster Stufe gut durcharbeiten. Anschließend auf der Arbeitsfläche zu einem glatten Teig verkneten.

7 Die Hälfte des Teiges auf dem Boden einer Springform (Ø 26 cm, Boden gefettet) ausrollen. Den restlichen Teig zu einer Rolle formen, sie als Rand auf den Teigboden legen und bis an die Kante des Springformrandes hochdrücken. Den Teigboden mit Aprikosenkonfitüre bestreichen, mit dem Biskuitboden bedecken.

8 Für die Füllung Quark, Zucker, Käsekuchen-Hilfe, Eier, Milch, Salz und Zitronensaft zu einer einheitlichen Masse verrühren. Sahne steif schlagen und unterheben.

9 Zunächst die abgekühlte Kirschmasse, dann die Quarkmasse auf dem Biskuitboden verteilen und glatt streichen. Form auf dem Rost in den Backofen schieben.

(Fortsetzung Seite 40)

Ober-/Unterhitze: etwa 180 °C (vorgeheizt)
Heißluft: etwa 160 °C (nicht vorgeheizt)
Gas: Stufe 2–3 (nicht vorgeheizt)
Backzeit: etwa 65 Minuten.

10 Nach etwa 15 Minuten Backzeit den Kuchen mit einem Messer vom Rand der Form lösen, nochmals in den Backofen schieben und weitere 50 Minuten backen.

11 Den Kuchen etwa 1 Stunde in der Form stehen lassen, dann erst aus der Form lösen und auf einem Kuchenrost erkalten lassen.

Tipp: *Den Kuchen maximal einen Tag vor dem Verzehr zubereiten. Kirsch-Käse-Kuchen eignet sich hervorragend zum Einfrieren. Gut schmeckt der Kuchen auch mit Pflaumen.*

Kirsch-Käse-Torte

Zutaten

Für den Tortenboden:
175 g Löffelbiskuits
150 g zerlassene, abgekühlte Butter

Für den Belag:
2 Gläser Sauerkirschen (Abtropfgewicht je 370 g)
200 g Doppelrahm-Frischkäse
50–75 g Zucker
1 Pck. Vanillin-Zucker
3 EL Zitronensaft
250 ml (¼ l) Schlagsahne
2 Pck. Sahnesteif

Für den Guss:
2 Pck. Tortenguss, klar
1–2 EL Zucker
500 ml (½ l) Kirschsaft

Zum Bestreuen:
geraspelte weiße Schokolade

Zubereitungszeit:
40 Minuten, ohne Kühlzeit

Insgesamt:
E: 51 g, F: 269 g, Kh: 458 g,
kJ: 19359, kcal: 4622

EINFACH – SCHNELL

1 Für den Boden Löffelbiskuits in einen Gefrierbeutel geben, verschließen. Die Löffelbiskuits mit einer Teigrolle zerdrücken, anschließend mit Butter verkneten. Einen Springformrand (Ø 26 cm) auf eine Tortenplatte stellen, den inneren Rand mit Alufolie oder Pergamentpapierstreifen auslegen, die Masse hineingeben und etwas festdrücken.

2 Für den Belag Sauerkirschen abtropfen lassen, den Saft auffangen, 500 ml (½ l) davon abmessen, evtl. mit Wasser auffüllen. Frischkäse mit Zucker, Vanillin-Zucker und Zitronensaft verrühren. Sahne ½ Minute schlagen, Sahnesteif einstreuen, die Sahne steif schlagen, unter die Käsemasse heben. Die Masse auf den vorbereiteten Tortenboden streichen.

3 Anschließend die gut abgetropften Sauerkirschen auf der Käsemasse verteilen.

4 Den Guss nach Packungsanleitung mit Zucker und Kirschsaft zubereiten und auf den Kirschen verteilen. Den Kuchen etwa 2 Stunden kalt stellen. Springformrand vorsichtig lösen und entfernen. Den Rand vor dem Servieren mit geraspelter Schokolade bestreuen.

Tipp: *Wenn der Belag etwas fester sein soll, dann statt mit Sahnesteif den Belag mit 6 Blatt weißer oder roter Gelatine zubereiten.*

Aprikosen-Quark-Kuchen

Zutaten

Für den Knetteig:
200 g Weizenmehl
40 g Zucker
1 Pck. Vanillin-Zucker
1 Prise Salz
1 Ei (Größe M)
100 g Butter oder Margarine

Für den Belag:
250 g Magerquark
50 g Zucker
1 Pck. Vanillin-Zucker
1 Pck. Finesse Geriebene Zitronenschale
2 Eier (Größe M)
50 g abgezogene, gemahlene Mandeln
20 g Speisestärke
1 Dose Aprikosenhälften (Abtropfgewicht 480 g) oder etwa 500 g frische Aprikosen
1 EL Himbeerkonfitüre

Zum Aprikotieren:
1 geh. EL Aprikosenkonfitüre
knapp 1 EL Wasser

Zubereitungszeit:
40 Minuten, ohne Kühlzeit

Insgesamt:
E: 96 g, F: 135 g, Kh: 394 g,
kJ: 13986, kcal: 3339

FÜR KINDER – GEFRIERGEEIGNET

1 Für den Teig Mehl in eine Rührschüssel sieben. Zucker, Vanillin-Zucker, Salz, Ei und Butter oder Margarine hinzufügen. Die Zutaten mit Handrührgerät mit Knethaken zunächst kurz auf niedrigster, dann auf höchster Stufe gut durcharbeiten, anschließend auf der Arbeitsfläche zu einem glatten Teig verkneten. Den Teig in Folie gewickelt eine Zeit lang kalt stellen.

2 Zwei Drittel des Teiges auf den Boden einer Springform (Ø 26 cm, Boden gefettet) ausrollen. Springformrand darumstellen. Teigboden mehrmals mit der Gabel einstechen. Form auf dem Rost in den Backofen schieben.

Ober-/Unterhitze: etwa 200 °C (vorgeheizt)
Heißluft: etwa 180 °C (vorgeheizt)
Gas: Stufe 3–4 (vorgeheizt)
Backzeit: etwa 12 Minuten.

3 Die Form auf einen Kuchenrost stellen und abkühlen lassen. Den Rest des Teiges zu einer Rolle formen. Die Rolle als Rand auf den vorgebackenen Boden legen und so an die Form drücken, dass ein knapp 3 cm hoher Rand entsteht.

4 Für den Belag Quark, Zucker, Vanillin-Zucker, Zitronenschale, Eier, Mandeln und Speisestärke verrühren, auf dem Teigboden verteilen und glatt streichen. Die Aprikosenhälften zum Abtropfen in ein Sieb geben, anschließend kranzförmig, mit der Wölbung nach unten auf die Quarkmasse legen und mit etwas Himbeerkonfitüre füllen. Die Form auf dem Rost in den Backofen schieben.

Ober-/Unterhitze: etwa 180 °C (vorgeheizt)
Heißluft: etwa 160 °C (nicht vorgheizt)
Gas: Stufe 2–3 (nicht vorgeheizt)
Backzeit: etwa 50 Minuten.

5 Zum Aprikotieren die Aprikosenkonfitüre durch ein Sieb streichen, mit Wasser unter Rühren kurz aufkochen lassen, sofort nach dem Backen den Kuchen damit bestreichen.

Tipp: *Maximal einen Tag vor dem Verzehr zubereiten. Anstelle der Aprikosen können auch Äpfel (halbiert, entkernt und mehrfach eingeschnitten) auf der Quarkmasse verteilt werden. Die Himbeerkonfitüre erst nach dem Backen auf die Aprikosenhälften geben.*

Quark-Pie mit Aprikosen

Zutaten

Für den Knetteig:
200 g Weizenmehl
1 Prise Salz
2 EL kaltes Wasser
100 g Butter oder Margarine

Für die Füllung:
50 g Löffelbiskuits
50 g abgezogene, gemahlene Mandeln
500 g Magerquark
2 Eier (Größe M)
75 g Zucker
abgeriebene Schale von 1 Zitrone (unbehandelt)
2–3 EL Zitronensaft
1 Pck. Pudding-Pulver Vanille-Geschmack
1 Dose Aprikosen (Abtropfgewicht 480 g)

Zum Bestreichen und Bestreuen:
2 EL Aprikosenkonfitüre
1 EL Wasser
30 g gebräunte, abgezogene, gehobelte Mandeln

Zubereitungszeit:
40 Minuten, ohne Kühlzeit

Insgesamt:
E: 32 g, F: 47 g, Kh: 109 g, kJ: 4386, kcal: 1047

FÜR GÄSTE

1 Für den Teig Mehl in eine Rührschüssel sieben. Restliche Zutaten hinzugeben und mit Handrührgerät mit Knethaken zunächst kurz auf niedrigster, dann auf höchster Stufe gut durcharbeiten.

2 Anschließend auf einer bemehlten Arbeitsfläche zu einem glatten Teig verkneten. Sollte der Teig kleben, ihn in Folie gewickelt 20–30 Minuten kalt stellen.

3 Für die Füllung Löffelbiskuits in einen Gefrierbeutel geben und verschließen. Löffelbiskuits mit der Teigrolle zerkleinern und anschließend mit den Mandeln vermengen. Quark mit Eiern, Zucker, Zitronenschale und -saft und Pudding-Pulver verrühren. Aprikosen abtropfen lassen.

4 Teig als Platte (Ø 30 cm) ausrollen und eine Pieform (Ø etwa 28 cm, gefettet) damit auslegen, das Löffelbiskuit-Mandel-Gemisch darauf geben. Aprikosen darauf verteilen, mit der Quarkmasse bedecken und glatt streichen. Die Form auf dem Rost in den Backofen schieben.

Ober-/Unterhitze: etwa 180 °C (vorgeheizt)
Heißluft: etwa 160 °C (nicht vorgeheizt)
Gas: Stufe 2–3 (nicht vorgeheizt)
Backzeit: 45–50 Minuten.

5 Zum Bestreichen und Bestreuen Aprikosenkonfitüre durch ein Sieb streichen, mit Wasser aufkochen, den Pie sofort nach dem Backen damit bestreichen und mit den Mandeln bestreuen.

6 Je nach Geschmack und Anlass Pie warm oder kalt servieren.

Beilage: *Steif geschlagene Schlagsahne.*

Tipp: *Schmeckt am besten frisch.*
Kann auch gut mit Rhabarber zubereitet werden.

Abwandlung: *Wer keine Pieform hat, kann dieses Rezept auch in einer Springform (Ø 24 oder 26 cm) zubereiten.*
Wer dieses Rezept mit frischen Aprikosen zubereiten möchte, Aprikosen in heißes Wasser geben, dann in kaltem Wasser abschrecken, halbieren und enthäuten.

Quark-Apfel-Kuchen

Zutaten

Für den Knetteig:
150 g Weizenmehl
70 g Zucker
1 Pck. Vanillin-Zucker
1 Prise Salz
1 Ei (Größe M)
75 g Butter oder Margarine

Für den Belag:
etwa 3–4 Äpfel (750 g)
30 g Zucker
1 EL Zitronensaft
2 Eiweiß (Größe M)
250 g Magerquark
75 g Zucker
1 Pck. Vanillin-Zucker
2 Eigelb (Größe M)
1 Ei (Größe M)
25 g Rosinen

Zubereitungszeit:
45 Minuten, ohne Kühlzeit

Insgesamt:
E: 84 g, F: 95 g, Kh: 391 g,
kJ: 12010, kcal: 2864

FÜR GÄSTE – EINFACH

1 Für den Teig Mehl in eine Rührschüssel sieben. Zucker, Vanillin-Zucker, Salz, Ei und Butter oder Margarine hinzufügen und mit Handrührgerät mit Knethaken zunächst kurz auf niedrigster, dann auf höchster Stufe gut durcharbeiten. Anschließend auf der Arbeitsfläche zu einem glatten Teig verkneten. Sollte er kleben, ihn eine Zeit lang kalt stellen.

2 Zwei Drittel des Teiges auf dem Boden einer Springform (Ø 26 cm, Boden gefettet) ausrollen, Springformrand darumstellen. Teigboden mehrmals mit einer Gabel einstechen. Die Form auf dem Rost in den Backofen schieben, den Teigboden vorbacken.

Ober-/Unterhitze: etwa 200 °C (vorgeheizt)
Heißluft: etwa 180 °C (vorgeheizt)
Gas: Stufe 3–4 (vorgeheizt)
Backzeit: etwa 12 Minuten.

3 Den Boden auf einen Kuchenrost stellen und abkühlen lassen.

4 Für den Belag Äpfel schälen, vierteln, entkernen, in Stücke schneiden, mit Zucker und Zitronensaft vermengen.

5 Eiweiß steif schlagen. Quark in eine Rührschüssel geben, Zucker, Vanillin-Zucker, Eigelb und Ei hinzufügen, alle Zutaten zu einer cremigen Masse verrühren. Rosinen mit dem steif geschlagenen Eiweiß unter die Quarkmasse heben.

6 Den Rest des Teiges zu einer Rolle formen. Die Rolle als Rand auf den vorgebackenen Boden legen und so an die Form drücken, dass ein etwa 3 cm hoher Rand entsteht.

7 Die Äpfel gleichmäßig auf dem Tortenboden verteilen, die Quarkmasse darüber geben, die Form auf dem Rost in den Backofen schieben.

Ober-/Unterhitze: etwa 180 °C (vorgeheizt)
Heißluft: etwa 160 °C (nicht vorgeheizt)
Gas: Stufe 2–3 (nicht vorgeheizt)
Backzeit: etwa 60 Minuten.

8 Kuchen nach Belieben mit einer runden Schablone belegen und mit Puderzucker bestäuben.

Abwandlung: *Sie können auch zusätzlich 1 Packung Mohnback (250 g) mit 1 Ei verrühren, mit den Äpfeln (dann aber nur 3 Äpfel verwenden) vermischen, auf den Teigboden streichen, die Quarkmasse darüber geben und wie oben angegeben backen. Sie können die Mohnmasse auch selbst zubereiten: Dazu vermischen Sie 125 g gemahlenen Mohn mit 125 ml (⅛ l) heißer Milch, lassen alles quellen, bis eine geschmeidige Masse entstanden ist. Diese vermischen Sie mit 2 Esslöffeln Honig und 1 Ei und verfahren wie vorher beschrieben.*

Glasierte Birnentorte mit Frischkäse

Zutaten

Für den Streuselteig:
250 g Weizenmehl
1 gestr. TL Backpulver
125 g Zucker
1 Pck. Vanillin-Zucker
1 Prise Salz
1 Ei (Größe M)
125 g Butter oder Margarine

1 EL Weizenmehl

Für den Belag:
250 ml (¼ l) Weißwein
250 ml (¼ l) Wasser
1 Zimtstange
75 g Zucker
1 kg Birnen

400 g Doppelrahm-Frischkäse
125 ml (⅛ l) Schlagsahne
2 Eier (Größe M)
1 Pck. Saucen-Pulver Vanille-Geschmack zum Kochen
75 g Zucker
1 Pck. Finesse Geriebene Zitronenschale
1 EL Zitronensaft
60 ml Birnengeist

Zum Bestreichen:
2 EL Aprikosenkonfitüre
1 EL Wasser
1 EL gehackte Pistazienkerne

Zubereitungszeit:
45 Minuten, ohne Kühlzeit

Insgesamt:
E: 104 g, F: 298 g, Kh: 618 g, kJ: 25391, kcal: 6068

FÜR GÄSTE – GEFRIERGEEIGNET

1 Für den Teig Mehl und Backpulver mischen, in eine Rührschüssel sieben. Zucker,Vanillin-Zucker, Salz, Ei und Butter oder Margarine hinzufügen. Die Zutaten mit Handrührgerät mit Knethaken zunächst kurz auf niedrigster, dann auf höchster Stufe zu Streuseln verarbeiten.

2 Knapp zwei Drittel der Streusel auf den Boden einer Springform (Ø 26 cm, gefettet) geben und mit Hilfe eines Esslöffels zu einem gleichmäßigen Boden andrücken. Die Form auf dem Rost in den Backofen schieben. Den Boden hellbraun vorbacken.

Ober-/Unterhitze: 180–200 °C (vorgeheizt)
Heißluft: 160–180 °C (vorgeheizt)
Gas: etwa Stufe 3 (vorgeheizt)
Backzeit: etwa 12 Minuten.

3 Die Form aus dem Backofen nehmen, auf einen Kuchenrost stellen.

4 Den Rest des Streuselteiges mit 1 Esslöffel Mehl verkneten, zu einer Rolle formen. Die Rolle als Rand auf den vorgebackenen Boden legen und so an den Springformrand drücken, dass ein 3 cm hoher Rand entsteht.

5 Für den Belag Wein, Wasser, Zimtstange und Zucker aufkochen. Birnen schälen, vierteln, entkernen und in die kochende Flüssigkeit geben. Birnen je nach Festigkeit 5–10 Minuten kochen. Anschließend in ein Sieb zum Abtropfen geben.

6 Frischkäse, Sahne, Eier, Saucen-Pulver, Zucker, Zitronenschale, Zitronensaft und Birnengeist verrühren.

7 Die Birnen auf dem vorgebackenen Boden verteilen. Die Käsemasse darauf geben und glatt streichen. Die Form auf dem Rost in den Backofen schieben.

Ober-/Unterhitze: etwa 180 °C (vorgeheizt)
Heißluft: etwa 160 °C (nicht vorgeheizt)
Gas: Stufe 2–3 (nicht vorgeheizt)
Backzeit: etwa 45 Minuten.

8 Die Form auf einen Kuchenrost stellen. Aprikosenkonfitüre und Wasser aufkochen. Den noch warmen Kuchen damit bestreichen. Springformrand lösen und den Rand mit Pistazien bestreuen.

Tipp: *Maximal einen Tag vor dem Verzehr zubereiten. Schmeckt auch gut mit Stachelbeeren oder Sauerkirschen.*

Quark-Sahne-Torte mit Beeren

Zutaten

Für den Biskuitteig:
3 Eier (Größe M)
3 EL heißes Wasser
150 g Zucker
1 Pck. Vanillin-Zucker
100 g Weizenmehl
100 g Speisestärke
3 gestr. TL Backpulver

Zum Bestreichen:
100 g Johannisbeergelee

Für die Füllung:
500 ml (½ l) Schlagsahne
1 Pck. Käse-Sahne Tortencreme
200 ml Wasser
500 g Magerquark
je 125 g vorbereitete rote Johannisbeeren und Erdbeeren

Für den Belag:
je 125 g vorbereitete rote Johannisbeeren und Erdbeeren

Zum Verzieren und Garnieren:
100 ml Schlagsahne
½ Pck. Sahnesteif
½ TL Zucker
einige rote Johannisbeeren

Zubereitungszeit:
45 Minuten, ohne Kühlzeit

Insgesamt:
E: 123 g, F: 213 g, Kh: 456 g, kJ: 18468, kcal: 4410

FÜR KINDER – GEFRIERGEEIGNET

1 Für den Teig Eier und Wasser mit Handrührgerät mit Rührbesen auf höchster Stufe in 1 Minute schaumig schlagen. Den Zucker mit Vanillin-Zucker mischen, in 1 Minute einstreuen, dann noch etwa 2 Minuten schlagen.

2 Mehl mit Speisestärke und Backpulver mischen, die Hälfte davon auf die Eiercreme sieben und kurz auf niedrigster Stufe unterrühren. Den Rest des Mehlgemisches auf die gleiche Weise unterarbeiten.

3 Den Teig in eine Springform (Ø 28 cm, Boden gefettet, mit Backpapier belegt) füllen. Die Form auf dem Rost in den Backofen schieben.

Ober-/Unterhitze: 180–200 °C (vorgeheizt)
Heißluft: 160–180 °C (vorgeheizt)
Gas: etwa Stufe 3 (vorgeheizt)
Backzeit: 20–30 Minuten.

4 Den Tortenboden aus der Form lösen, auf einen mit Backpapier belegten Kuchenrost stürzen und erkalten lassen.

5 Den Boden einmal waagerecht durchschneiden. Johannisbeergelee verrühren und die untere Bodenhälfte damit bestreichen. Tortenring darumstellen.

6 Für die Füllung die Sahne steif schlagen. Die Tortencreme mit Wasser nach Packungsanleitung verrühren. Den Quark unterrühren und die steif geschlagene Sahne unterheben. Ein Viertel der Creme abnehmen und beiseite stellen. Die Hälfte der übrigen Creme auf den Tortenboden streichen.

7 Die Johannisbeeren und die in Scheiben geschnittenen Erdbeeren darauf verteilen. Die übrige Cremehälfte darauf geben und glatt streichen. Den oberen Biskuitboden darauf legen.

8 Für den Belag die Beeren pürieren und durch ein Sieb streichen. Die beiseite gestellte Käse-Sahne-Masse gut durchrühren und die Fruchtmasse unterrühren. Etwa 6 Esslöffel abnehmen und zugedeckt beiseite stellen. Die übrige Masse auf den oberen Tortenboden streichen.

9 Die Torte im Kühlschrank fest werden lassen. Nach etwa 3 Stunden den Tortenring mit Hilfe eines Messers lösen. Die restliche Fruchtcreme gut durchrühren und den Tortenrand damit bestreichen.

(Fortsetzung Seite 52)

10 Zum Verzieren und Garnieren Sahne mit Sahnesteif und Zucker steif schlagen und in einen Spritzbeutel mit Lochtülle füllen. Die Torte damit verzieren und mit den Johannisbeeren garnieren.

Tipp: *Maximal einen Tag vor dem Verzehr zubereiten. Sie können die Torte auch ohne Tortencreme zubereiten. Dazu 4 Blatt weiße Gelatine einweichen. 500 g Speisequark mit 100 g Zucker verrühren. Gelatine nach Packungsanleitung auflösen, mit Zitronensaft vermischen und unter die Quarkmasse rühren. 500 ml (½ l) Sahne steif schlagen und unterheben. Die Quarkmasse weiter nach Rezept verarbeiten.*

Quark-Stachelbeer-Kuchen

Zutaten

Für den Knetteig:
- 100 g Sesamsamen
- 100 g Weizenvollkornmehl
- 100 g Dinkelmehl
- 1 Prise Salz
- 1 Pck. Bourbon-Vanille-Zucker
- 100 g weiche Butter
- 1 EL Milch
- 100 g flüssiger Honig
- 1 EL Sesamsamen

Für die Füllung:
- 250 g Magerquark
- 1 Ei (Größe M)
- 120 g flüssiger Honig
- 2 EL Milch
- 1 Pck. Finesse Geriebene Zitronenschale
- 1 EL Zitronensaft
- 400 g gedünstete Stachelbeeren
- 150 g Heidelbeeren

Zubereitungszeit:
30 Minuten, ohne Kühlzeit

Insgesamt:
E: 95 g, F: 131 g, Kh: 416 g,
kJ: 13999, kcal: 3343

GUT VORZUBEREITEN – VOLLWERT

1 Für den Teig Sesamsamen unter Rühren ohne Fett in der Pfanne rösten und kalt stellen.

2 Den gerösteten Sesam mit Weizenvollkornmehl, Dinkelmehl, Salz, Bourbon-Vanille-Zucker, Butter, Milch und Honig in eine Rührschüssel geben. Mit dem Handrührgerät mit Knethaken auf niedrigster Stufe zu Streuseln verarbeiten.

3 Von den Streuseln drei Esslöffel abnehmen und mit Sesamsamen mischen. Den restlichen Teig in eine Springform (Ø 26 cm, Boden gefettet) geben und leicht andrücken.

4 Für die Füllung Quark, Ei, Honig, Milch, Zitronenschale und -saft cremig rühren und auf den Teig streichen.

5 Stachelbeeren kranzförmig auf der Füllung verteilen. In die Mitte die Heidelbeeren geben. Die Früchte mit den Sesamstreuseln bestreuen und die Form auf dem Rost in den Backofen schieben.

Ober-/Unterhitze: etwa 180 °C (vorgeheizt)
Heißluft: etwa 160 °C (nicht vorgeheizt)
Gas: Stufe 2–3 (nicht vorgeheizt)
Backzeit: etwa 40 Minuten.

Tipp: *Maximal einen Tag vor dem Verzehr zubereiten. Der Kuchen ist nicht gefriergeeignet. Er schmeckt auch gut mit Rhabarber oder Johannisbeeren (frischen Rhabarber in feine Stücke schneiden).*

Orangen-Quark-Torte

Zutaten

Für den Knetteig:
125 g Weizenmehl
40 g Zucker
1 Pck. Vanillin-Zucker
1 Eigelb (Größe M)
60 g Butter oder Margarine

Für den Belag:
8 Blatt weiße Gelatine
2 Eier (Größe M)
125 g Zucker
500 g Magerquark
3–4 EL Zitronensaft
1 EL Cointreau
375 ml (3/8 l) Schlagsahne
6 Orangen

Zubereitungszeit:
40 Minuten, ohne Kühlzeit

Insgesamt:
E: 192 g, F: 193 g, Kh: 379 g, kJ: 17655, kcal: 4216

GUR VORZUBEREITEN – GEFRIERGEEIGNET

1 Für den Teig Mehl in eine Rührschüssel sieben, Zucker, Vanillin-Zucker, Eigelb und Butter oder Margarine hinzufügen. Die Zutaten mit Handrührgerät mit Knethaken zunächst kurz auf niedrigster, dann auf höchster Stufe gut durcharbeiten. Anschließend auf der Arbeitsfläche zu einem glatten Teig verkneten und ihn etwa 30 Minuten kalt stellen.

2 Den Teig auf dem Boden einer Springform (Ø 26 cm, Boden gefettet) ausrollen, mehrmals mit einer Gabel einstechen, den Springformrand darumlegen. Die Form auf dem Rost in den Backofen schieben.

Ober-/Unterhitze: etwa 200 °C (vorgeheizt)
Heißluft: etwa 180 °C (vorgeheizt)
Gas: Stufe 3–4 (vorgeheizt)
Backzeit: etwa 15 Minuten.

3 Den Boden sofort nach dem Backen vom Springformrand lösen aber auf dem Springformboden erkalten lassen. Gesäuberten Rand, mit Papierstreifen belegt, wieder darumlegen.

4 Für den Belag Gelatine in kaltem Wasser nach Packungsanleitung einweichen.

5 Eier mit Zucker im heißen Wasserbad cremig schlagen, Gelatine ausdrücken und unter Rühren vollständig auflösen. Quark, Zitronensaft und Cointreau unterrühren, die Masse kalt stellen. Sobald sie anfängt dicklich zu werden, Sahne steif schlagen. Ein Viertel der Sahne zum Verzieren beiseite stellen, den Rest der Sahne unter die Quarkmasse heben.

6 Orangen waschen, schälen, filetieren, einige Filets zum Garnieren beiseite legen.Die restlichen Filets gleichmäßig auf dem Tortenboden verteilen, die Quarksahne darüber füllen und glatt streichen. Die Torte 2–3 Stunden in den Kühlschrank stellen. Danach den Springformrand vorsichtig lösen und entfernen.

7 Die Torte mit der zurückgelassenen Sahne und den Orangenfilets garnieren.

Tipp: *Maximal einen Tag vor dem Verzehr zubereiten.*

Abwandlung: *Für eine **Festliche Orangen-Quark-Torte** unter den Teig zusätzlich 1 Esslöffel Kakaopulver kneten. Zum Garnieren 150 g Marzipan-Rohmasse und 20 g Puderzucker verkneten. Zwischen Folie zu einer Platte (Ø 24 cm) ausrollen, mit einem Teigrädchen 12 Tortenstücke ausrädern, die Enden bis auf ein Drittel aufrollen. 2 Esslöffel Orangenmarmelade durch ein Sieb streichen, aufkochen. Marzipanstücke damit bestreichen und auf die Torte legen.*

Kiwi-Quark-Torte

Zutaten

Für den Tortenboden:
200 g Löffelbiskuits
100 g fein gehackte Haselnusskerne
150 g zerlassene Butter

Für den Belag:
6 Blatt weiße Gelatine
500 g Magerquark
150 g Zucker
Saft von 2 Zitronen
250 ml (¼ l) Schlagsahne
4 EL Orangenlikör
5 Kiwis

Für den Guss:
1 Pck. Tortenguss, klar
250 ml (¼ l) Wasser
2 EL Zucker

Zubereitungszeit:
40 Minuten, ohne Kühlzeit

Insgesamt:
E: 167 g, F: 307 g, Kh: 375 g,
kJ: 21856, kcal: 5219

SCHNELL

1 Für den Boden Löffelbiskuits in einen Gefrierbeutel geben, verschließen. Die Löfffelbiskuits mit einer Teigrolle fein zerbröseln. Anschließend die Biskuitbrösel mit den gehackten Haselnusskernen vermengen. Butter mit der Biskuitmischung vermischen. Die Masse auf den Boden einer Springform (Ø 26 cm, gefettet) geben, mit einem Esslöffel andrücken.

2 Für den Belag Gelatine in kaltem Wasser nach Packungsanleitung einweichen. Quark mit Zucker und Zitronensaft mit Handrührgerät mit Rührbesen glatt rühren. Die ausgedrückte Gelatine in einem kleinen Topf auflösen. Unter Rühren gleichmäßig unter die Quarkmasse rühren und kalt stellen.

3 Sahne steif schlagen. Sobald die Quarkmasse zu gelieren beginnt, die geschlagene Sahne zusammen mit Orangenlikör unterheben. Die Masse auf den Boden in die Springform füllen, glatt streichen, 2–3 Stunden im Kühlschrank fest werden lassen.

4 Kiwis schälen, in Scheiben schneiden, die Torte kurz vor dem Verzehr damit belegen. Tortenguss mit Wasser und Zucker nach Packungsanleitung zubereiten, über die Kiwischeiben verteilen.

Tipp: *Sollte die Torte länger stehen, Kiwis kurz mit kochendem Wasser übergießen, damit die Torte keinen bitteren Geschmack bekommt. Die Torte schmeckt am besten frisch. Die Torte lässt sich auch mit Orangen oder Brombeeren zubereiten.*
Kiwis enthalten ein Enzym, das Gelatine abbaut und so die Gelierfähigkeit beeinträchtigt. Deshalb die Kiwischeiben kurz blanchieren.

Abwandlung: *Statt der Kiwi Orangenfilets auf die Torte geben.*

Stachelbeer-Frischkäse-Kuchen

Zutaten

Für den Rührteig:
200 g Butter oder Margarine
200 g Zucker
1 Pck. Vanillin-Zucker
4 Eier (Größe M)
200 g Weizenmehl
2 gestr. TL Backpulver
100 g gehackte Haselnusskerne
20 g Zucker

Für die Füllung:
1 Glas Stachelbeeren (Abtropfgewicht 360 g)
250 ml (¼ l) Stachelbeersaft
20 g Zucker
1 Pck. Tortenguss, klar
4 Blatt weiße Gelatine
125 ml (⅛ l) Stachelbeersaft
300 g Doppelrahm-Frischkäse
3 EL Zitronensaft
1 Pck. Finesse Geriebene Zitronenschale
250 ml (¼ l) Schlagsahne

Zubereitungszeit:
50 Minuten, ohne Kühlzeit

Insgesamt:
E: 149 g, F: 433 g, Kh: 525 g
kJ: 28544, kcal: 6820

ERFRISCHEND – FRUCHTIG

1 Für den Teig Butter oder Margarine mit Handrührgerät mit Rührbesen auf höchster Stufe geschmeidig rühren. Zucker und Vanillin-Zucker nach und nach unterrühren. So lange rühren, bis eine gebundene Masse entstanden ist.

2 Eier nach und nach unterrühren (jedes Ei etwa ½ Minute). Mehl und Backpulver mischen, sieben und portionsweise auf mittlerer Stufe unterrühren. Die Hälfte des Teiges in eine Springform (Ø 26 cm, Boden gefettet) füllen, glatt streichen und mit der Hälfte der Haselnusskerne und Zucker bestreuen. Die Form auf dem Rost in den Backofen schieben.

Ober-/Unterhitze: etwa 180 °C (vorgeheizt)
Heißluft: etwa 160 °C (vorgeheizt)
Gas: Stufe 2–3 (vorgeheizt)
Backzeit: etwa 25 Minuten.

3 Mit der anderen Teighälfte genauso verfahren. Die Böden sofort lösen und auf einem Kuchenrost erkalten lassen. 1 Boden in 12 Stücke schneiden.

4 Für die Füllung die Stachelbeeren zum Abtropfen in ein Sieb geben, den Saft auffangen und mit Wasser auf 375 ml (⅜ l) Flüssigkeit auffüllen.

5 Mit 250 ml (¼ l) des Saftes und Zucker einen Tortenguss nach Packungsanleitung zubereiten, die Stachelbeeren unterheben und etwas abkühlen lassen.

6 Einen Boden auf eine Platte legen, die Stachelbeeren darauf verteilen. Die Gelatine in kaltem Wasser nach Packungsanleitung einweichen, ausdrücken. Die ausgedrückte Gelatine in einem kleinen Topf mit dem restlichen Stachelbeersaft unter Rühren erwärmen (nicht kochen), bis sie völlig gelöst ist, leicht abkühlen lassen. Den Frischkäse mit Zitronensaft und -schale verrühren und die in Saft aufgelöste Gelatine unterrühren.

7 Sahne steif schlagen und unterheben. Wenn die Masse anfängt dicklich zu werden, sie in einen Spritzbeutel mit Sterntülle geben und von außen beginnend einen Kranz auf die Stachelbeeren spritzen, den Rest in die Mitte geben.

8 Den in Stücke geschnittenen Boden darauf verteilen und die Masse etwa 2 Stunden kalt stellen.

Frischkäsetorte mit Kirschen

Zutaten

Für den Tortenboden:
150 g Löffelbiskuits
125 g Butter

Für die Füllung:
1 Glas Sauerkirschen (Abtropfgewicht 370 g)
2 EL Kirschwasser
50 g Zucker
25 g Speisestärke

Für den Belag:
4 Blatt weiße Gelatine
200 g Doppelrahm-Frischkäse
75 g Zucker
50 ml Milch
200 ml Schlagsahne

Für den Guss:
4 Blatt weiße Gelatine
200 ml Kirschsaft
2 EL Kirschwasser
50 g Zucker

Zum Verzieren:
100 ml Schlagsahne
1 EL Kirschwasser

Zubereitungszeit:
40 Minuten, ohne Kühlzeit

Insgesamt:
E: 95 g, F: 248 g, Kh: 367 g, kJ: 18215, kcal: 4350

FÜR GÄSTE

1 Für den Boden Löffelbiskuits in einen Gefrierbeutel geben, den Beutel verschließen, die Löffelbiskuits mit einer Teigrolle zerdrücken und anschließend in eine Schüssel geben.

2 Butter zerlassen, zu den Bröseln geben und gut miteinander verrühren. Die Masse gleichmäßig in einer Springform (Ø 26 cm, Boden gefettet, mit Backpapier belegt) verteilen und gut andrücken.

3 Für die Füllung Sauerkirschen in einem Sieb abtropfen lassen, dabei den Saft auffangen und 150 ml für die Füllung und 100 ml für den Guss abmessen.

4 Den Kirschsaft (150 ml) mit Kirschwasser und Zucker mischen. 3 Esslöffel davon abnehmen und die Speisestärke damit anrühren, den restlichen Saft zum Kochen bringen. Die angerührte Speisestärke unterrühren und einmal aufkochen lassen. Die Kirschen unterrühren, die Masse auf den Boden geben und glatt streichen.

5 Für den Belag die Gelatine nach Packungsanleitung einweichen. Den Frischkäse mit Zucker und Milch verrühren. Gelatine ausdrücken. Die ausgedrückte Gelatine in einem kleinen Topf unter Rühren erwärmen (nicht kochen), bis sie völlig gelöst ist, leicht abkühlen lassen und unterrühren. Die Sahne steif schlagen und unterheben. Die Frischkäse-Sahne-Masse auf die Kirschmasse geben und glatt streichen. Die Torte 2 Stunden kalt stellen.

6 Für den Guss die Gelatine in kaltem Wasser nach Packungsanleitung einweichen, ausdrücken. Die ausgedrückte Gelatine in einem kleinen Topf unter Rühren erwärmen (nicht kochen), bis sie völlig gelöst ist, leicht abkühlen lassen. Mit Kirschsaft und Kirschwasser verrühren, mit Zucker abschmecken und vorsichtig auf den Belag gießen. Die Torte etwa 1 Stunde kalt stellen.

7 Vor dem Servieren die Torte aus der Springform lösen und auf eine Tortenplatte geben. Sahne steif schlagen, Kirschwasser unterrühren, in einen Spritzbeutel mit kleiner Lochtülle füllen und die Torte damit verzieren.

Tipp: *Für eine Torte ohne Alkohol kann das Kirschwasser ersatzlos weggelassen werden. Die Torte kann auch mit Tortenguss überzogen werden.*

Abwandlung: *Wenn der Boden etwas knuspriger sein soll, dann statt der Löffelbiskuits, 150 g Cornflakes fein zerdrücken, mit 150 g aufgelöster Zartbitterschokolade mischen. Die Masse gleichmäßig als Boden in einer Springform (Ø 26 cm, Boden gefettet, mit Backpapier belegt) verteilen. Fest werden lassen!*

Käse-Orangen-Torte

Zutaten

Für den Teig:
125 g Löffelbiskuits
100 g sehr weiche Butter

Für den Belag:
200 g Doppelrahm-Frischkäse
50–75 g Zucker
1 Pck. Vanillin-Zucker
3 EL Zitronensaft
250 ml (¼ l) Schlagsahne
1 Pck. Sahnesteif
1 Orange

Zum Verzieren:
2–3 Orangen
125 ml (⅛ l) Schlagsahne
etwas Zucker
½ Pck. Sahnesteif
gebräunte Mandelblättchen

Zubereitungszeit:
35 Minuten, ohne Kühlzeit

Insgesamt:
E: 121 g, F: 404 g, Kh: 298 g,
kJ: 23004, kcal: 5497

FÜR KINDER – EINFACH

1 Für den Teig Löffelbiskuits in einen Gefrierbeutel geben, den Beutel verschließen, die Löffelbiskuits mit einer Teigrolle zerdrücken. Anschließend in eine Schüssel geben und mit Butter verkneten. Einen Springformring (Ø 24 cm) auf eine Tortenplatte setzen, die Masse hineingeben, gut andrücken.

2 Für den Belag Frischkäse mit Zucker, Vanillin-Zucker und Zitronensaft verrühren. Sahne mit Sahnesteif steif schlagen und unter die Käsemasse heben. Orange schälen, filetieren, klein schneiden und ebenfalls unter die Käsemasse heben.

3 Die Masse auf dem Boden verteilen, glatt streichen und zugedeckt 2–3 Stunden kalt stellen. Dann den Springformring lösen und entfernen.

4 Zum Verzieren Orangen schälen, filetieren und auf der Tortenoberfläche verteilen.

5 Sahne mit etwas Zucker und Sahnesteif steif schlagen, in einen Spritzbeutel mit Sterntülle füllen und die Tortenoberfläche damit verzieren.

6 Gebräunte Mandelblättchen an den Tortenrand drücken und in die Sahne-Tuffs als Verzierung stecken.

Tipp: *Die Käse-Orangen-Torte gut gekühlt servieren. Maximal einen Tag vor dem Verzehr zubereiten. Schmeckt auch gut mit Mandarinenspalten.*

Abwandlung: *Für einen **Zwieback-Nougat-Boden** 12 Zwiebäcke in einen Gefrierbeutel geben. Den Beutel verschließen, die Zwiebäcke mit einer Teigrolle fein zerdrücken und mit 200 g aufgelöster Nuss-Nougat-Masse vermischen. Für den Belag 12 Blatt weiße Gelatine nach Packungsanleitung einweichen, ausdrücken, in 125 ml (⅛ l) Weißwein auflösen. 750 g Magerquark mit 150 g Zucker, je 1 Päckchen Finesse Geriebene Zitronenschale und Orangenfrucht verrühren. Die aufgelöste Gelatine nach und nach unterrühren. Wenn die Masse anfängt dicklich zu werden, 500 ml (½ l) steif geschlagene Sahne unterheben. Die Masse auf den Boden geben, glatt streichen. Die Masse fest werden lassen. 3 Orangen schälen, waagerecht in dünne Scheiben schneiden, auf den Belag legen.*

Frischkäse-Melonen-Torte

Zutaten

Für den Boden:
150 g Löffelbiskuits
100 g zerlassene Butter

Für die Füllung:
1 Beutel aus 1 Pck. Götterspeise Waldmeister-Geschmack
250 ml (¼ l) Wasser
50 g Zucker
200 g Doppelrahm-Frischkäse
75 g Zucker
1 Pck. Vanillin-Zucker
2 EL Zitronensaft
400 ml Schlagsahne

Zum Garnieren:
Wassermelone (in Kugeln)
Charentais-Melone (in Spalten)
Zitronenmelisseblättchen

Zubereitungszeit:
45 Minuten, ohne Kühlzeit

Insgesamt:
E: 58 g, F: 281 g, Kh: 307 g,
kJ: 16122, kcal: 3852

FÜR GÄSTE – ETWAS TEURER

1 Für den Boden Löffelbiskuits in einen Gefrierbeutel geben, die Tüte verschließen. Die Löffelbiskuits mit einer Teigrolle zerdrücken, anschließend in eine Schüssel geben und mit Butter gut vermengen. Einen Springformrand (Ø 24 cm) auf eine Tortenplatte stellen, die Löffelbiskuitmasse hineingeben, gut andrücken und fest werden lassen.

2 Für die Füllung Götterspeise mit der Hälfte des Wassers verrühren, 10 Minuten quellen lassen. Zucker hinzufügen, unter Rühren erhitzen (nicht kochen) und das restliche Wasser hinzufügen.

3 Frischkäse mit Zucker, Vanillin-Zucker und Zitronensaft gründlich verrühren.

4 Sahne steif schlagen. Wenn die Götterspeise anfängt zu gelieren, zunächst die Frischkäsemasse und dann die Sahne (2 Esslöffel zurücklassen) unterrühren.

5 Die Masse auf dem Boden verteilen, glatt streichen und fest werden lassen. Die restliche Sahne in Tuffs auf die Torte geben, mit einer Gabel locker durchziehen.

6 Die Torte 2 Stunden kalt stellen, dann den Springformrand lösen. Die Torte mit Wassermelone (in Kugeln), Charentais-Melone (in Spalten) und Zitronenmelisseblättchen garnieren.

Tipp: *Maximal einen Tag vor dem Verzehr zubereiten. Schmeckt auch gut mit Himbeer-Götterspeise und Himbeeren und Johannisbeeren.*

Abwandlung: *Statt der Löffelbiskuits 150 g Eiswaffeln zerdrücken und mit der Butter vermischen. Sie können als Dekoration auch kurz vor dem Verzehr Löffelbiskuits oder Eiswaffeln um die Torte stellen. Evtl. etwas Johannisbeergelee vorher an den Tortenrand streichen. Oder den zweiten Beutel Götterspeise aus der Packung mit 400 ml Wasser nach Packungsanleitung zubereiten, in ein flaches Gefäß geben. Die Masse fest werden lassen, in Würfel schneiden und auf der Oberfläche verteilen.*

Knuspertorte mit Quark

1 Für Boden und Crossies beide Schokoladensorten grob zerkleinern, zusammen in einem Topf im Wasserbad bei schwacher Hitze geschmeidig rühren und mit dem Müsli mischen. Aus der Masse mit zwei Teelöffeln 12 kleine Häufchen abstechen, auf ein mit Öl bestrichenes Backpapier setzen.

2 Die restliche Masse als Tortenboden in einem Springformrand (Ø 26 cm) auf eine Tortenplatte drücken. Boden und Häufchen etwa 30 Minuten kalt stellen.

3 Für den Belag die Melone vierteln und entkernen. Das Fruchtfleisch von der Schale schneiden. 3 Melonenviertel in feine Würfel, das restliche Viertel in Spalten schneiden.

4 Die Mandarinen abtropfen lassen, dabei den Saft auffangen, mit Wasser auf 200 ml auffüllen und die Tortencreme nach Packungsanleitung, aber mit Saft anstelle des Wassers, zubereiten.

5 Melonenwürfel und zwei Drittel der Mandarinen unterheben. Die Creme auf den Tortenboden streichen und mindestens 3 Stunden kalt stellen.

6 Springformrand lösen und entfernen. Torte mit Melonenspalten, den restlichen Mandarinen und den Crossies garnieren.

Tipp: *Die Galiamelone ist eine Netzmelonenart. Sie können auch eine traditionelle Quarkcreme aus 5 Blatt weißer Gelatine, 500 g Magerquark, 50 g Zucker, 200 ml Mandarinensaft und 500 ml (½ l) Schlagsahne zubereiten: Dafür die Gelatine einweichen, Quark, Zucker und Saft verrühren, Gelatine nach Packungsanleitung auflösen und Sahne unterheben. Maximal einen Tag vor dem Verzehr zubereiten.*

Abwandlung: *Die Torte anstelle der Melone und Mandarinen nur mit Himbeeren zubereiten. Statt Knuspermüsli können auch Cornflakes verwendet werden.*

Zutaten

Für Boden und Crossies:
100 g Vollmilchschokolade
100 g Zartbitterschokolade
200 g Knuspermüsli

Für den Belag:
1 kleine Galia-Melone (etwa 600 g)
1 Dose Mandarinen (Abtropfgewicht 175 g)
1 Pck. Käse-Sahne Tortencreme
500 g Magerquark
500 ml (½ l) Schlagsahne

Zubereitungszeit:
40 Minuten, ohne Kühlzeit

Insgesamt:
E: 98 g, F: 223 g, Kh: 229 g, kJ: 14445, kcal: 3450

EINFACH – FÜR KINDER

Mascarponetorte mit Walnuss-Crunch-Boden

Zutaten

Für den Boden:
175 g Löffelbiskuits
125 g Walnusskerne
½ TL gemahlener Zimt
175 g weiche Butter

Für den Belag:
2 Pck. Aranca Zitronen-Geschmack
400 ml Apfelsaft
200 ml Schlagsahne
250 g Mascarpone (italienischer Frischkäse)
500 g frische Brombeeren oder TK-Brombeeren

Für den Guss:
1 Pck. Tortenguss, klar
1 gestr. EL Zucker
250 ml (¼ l) Apfelsaft

Zubereitungszeit:
45 Minuten, ohne Kühlzeit

Insgesamt:
E: 55 g, F: 405 g, Kh: 240 g, kJ: 20980, kcal: 5017

RAFFINIERT – LÄSST SICH GUT VORBEREITEN

1 Für den Boden Löffelbiskuits in einen Gefrierbeutel füllen und mit einer Teigrolle zerbröseln. Walnusskerne fein hacken. Beide Zutaten mit Zimt und Butter verrühren, als Boden in eine Springform (Ø 26 cm, gefettet, Rand mit Backpapier belegt) füllen, andrücken und kalt stellen.

2 Für den Belag Aranca nach Packungsaufschrift mit Apfelsaft (ohne Joghurt) zubereiten. Sahne steif schlagen und mit verrührter Mascarpone unterheben. Die Creme auf dem Löffelbiskuitboden verteilen und die Torte kalt stellen.

3 Die Brombeeren putzen, waschen, gut abtropfen lassen. (TK-Beeren auftauen und abtropfen lassen) und auf der Creme verteilen.

4 Den Tortenguss mit Zucker und Apfelsaft nach Packungsaufschrift zubereiten, über die Beeren verteilen und die Torte kalt stellen.

5 Vor dem Servieren der Torte Springformrand und Papierstreifen entfernen. Torte mit einem langen Messer lösen und auf eine Tortenplatte legen.

Tipp: *Statt mit Brombeeren, die Torte mit Himbeeren oder Erdbeeren belegen oder auch abwechselnd mit hellen und dunklen, entkernten Weintrauben. Dann den Tortenguss mit hellem, klaren Traubensaft zubereiten und für den Belag anstelle von Apfelsaft Traubensaft verwenden.*

Hinweis: *Ganz wichtig ist bei dieser Zubereitung, dass Schüssel und Rührbesen unbedingt fettfrei sind, da sich die Creme sonst nicht richtig aufschlagen lässt.*

Brombeer-Mascarpone-Torte

Zutaten

Für den Biskuitteig:
4 Eier (Größe M)
100 g Zucker
1 Pck. Bourbon-Vanille-Zucker
70 g Weizenmehl
2 gestr. TL Backpulver
100 g abgezogene, gehackte Mandeln
100 g abgezogene, gemahlene Mandeln
2 EL Amaretto

Zum Besteichen:
5 EL Brombeerkonfitüre

Für die Füllung:
500 g TK-Brombeeren
2 Eigelb (Größe M)
100 g Zucker
1 Pck. Bourbon-Vanille-Zucker
500 g Mascarpone (italienischer Frischkäse)
etwas gemahlener Zimt
2 Pck. Sahnesteif
250 ml (¼ l) Schlagsahne

Für den Rand:
30 g Raspelschokolade

Zum Garnieren:
Minze-Blättchen
Raspelschokolade

Zubereitungszeit:
45 Minuten, ohne Kühlzeit

Insgesamt:
E: 125 g, F: 452 g, Kh: 525 g, kJ: 29395, kcal: 7023

FÜR GÄSTE

1 Für den Teig Eier mit Handrührgerät mit Rührbesen auf höchster Stufe in 1 Minute schaumig schlagen. Zucker und Vanille-Zucker mischen, in 1 Minute einstreuen, dann noch etwa 2 Minuten schlagen.

2 Mehl mit Backpulver mischen, die Hälfte davon auf die Eiercreme sieben, kurz auf niedrigster Stufe unterrühren, den Rest des Mehlgemisches auf die gleiche Art unterarbeiten. Mandeln und Amaretto unterheben. Den Teig in eine Springform (Ø 26 cm, Boden gefettet, mit Backpapier belegt) füllen. Die Form auf dem Rost in den Backofen schieben.

Ober-/Unterhitze: 180–200 °C (vorgeheizt)
Heißluft: 160–180 °C (vorgeheizt)
Gas: etwa Stufe 3 (vorgeheizt)
Backzeit: etwa 25 Minuten.

3 Den Boden aus der Form lösen, auf einen mit Backpapier belegten Kuchenrost stürzen, Backpapier entfernen und den Boden erkalten lassen. Boden zweimal waagerecht durchschneiden.

4 Die Konfitüre auf den unteren und den mittleren Boden geben und verstreichen.

5 Für die Füllung Brombeeren auftauen lassen, zum Abtropfen in ein Sieb geben. Eigelb mit Zucker und Vanille-Zucker in einer Schüssel im Wasserbad mit Handrührgerät mit Rührbesen aufschlagen, Mascarpone verrühren und portionsweise unterrühren, mit etwas Zimt abschmecken. Zuletzt die mit Sahnesteif steif geschlagene Sahne unterziehen.

6 Ein Drittel der Creme abnehmen. Unter die restliche Creme zwei Drittel der Brombeeren heben, die Böden damit zusammensetzen. Den Rand und die obere Seite der Torte dünn mit einem Teil der zurückgelassenen Creme bestreichen.

7 Den Tortenrand mit Raspelschokolade bestreuen. Die Torte mit der restlichen Creme (in einen Spritzbeutel mit Tüllenring gefüllt) verzieren, mit den restlichen Brombeeren, Minzeblättchen und Raspelschokolade garnieren, bis zum Verzehr kalt stellen.

Ananas-Mascarpone-Torte

Zutaten

Für den Biskuitteig:
3 Eier (Größe M)
3 EL heißes Wasser
150 g Zucker
1 Pck. Vanillin-Zucker
100 g Weizenmehl
100 g Speisestärke
3 gestr. TL Backpulver

Für die Füllung:
1 Dose geraspelte Ananas (Abtropfgewicht 260 g)
100 ml weißer Portwein
1 Pck. gemahlene Gelatine, weiß
500 g Mascarpone (italienischer Frischkäse)
30 g Zucker
2 Pck. Vanillin-Zucker
300 ml Schlagsahne

Für den Belag:
4 Scheiben Ananas (Abtropfgewicht 140 g, aus der Dose)
25 g Pistazienkerne
15 g Puderzucker
100 g steif geschlagene Schlagsahne
Pistazienkerne

Zubereitungszeit:
50 Stunden, ohne Quell- und Kühlzeit

Insgesamt:
E: 128 g, F: 379 g, Kh: 487 g, kJ: 25760, kcal: 6157

DAUERT LÄNGER – RAFFINIERT

1 Für den Teig Eier und Wasser mit Handrührgerät mit Rührbesen auf höchster Stufe in 1 Minute schaumig schlagen. Zucker mit Vanillin-Zucker mischen, in 1 Minute einstreuen, dann noch etwa 2 Minuten schlagen.

2 Mehl mit Speisestärke und Backpulver mischen, die Hälfte davon auf die Eiercreme sieben, kurz auf niedrigster Stufe unterrühren.

3 Den Rest des Mehlgemisches auf dieselbe Weise unterarbeiten. Den Teig in eine Springform (Ø 28 cm, Boden gefettet, mit Backpapier belegt) füllen, die Form auf dem Rost in den Backofen schieben.

Ober-/Unterhitze: 180–200 °C (vorgeheizt)
Heißluft: 160–180 °C (vorgeheizt)
Gas: etwa Stufe 3 (vorgeheizt)
Backzeit: etwa 30 Minuten.

4 Den Tortenboden aus der Form lösen, auf einen mit Backpapier belegten Kuchenrost stürzen und erkalten lassen.

5 Für die Füllung geraspelte Ananas in einem Sieb gut abtropfen lassen, den Saft auffangen und 100 ml Ananassaft mit Portwein mischen. Gelatine mit 4 Esslöffeln von dieser Flüssigkeit in einem kleinen Topf nach Packungsanleitung anrühren, 10 Minuten quellen lassen. Alles unter Rühren erwärmen (nicht kochen), bis die Gelatine völlig gelöst ist, Gelatine leicht abkühlen lassen.

6 Mascarpone mit 75 ml Ananassaft, Zucker und Vanillin-Zucker glatt rühren. Sahne fast steif schlagen, die lauwarme Gelatinelösung unterrühren, die Sahne vollkommen steif schlagen. Sahne und geraspelte Ananas unter die Mascarponecreme heben. Den Tortenboden zweimal waagerecht durchschneiden, den unteren Boden auf eine Tortenplatte legen und einen Tortenring darumstellen.

7 Zunächst ein Drittel der Füllung auf den unteren Boden streichen, mit dem mittleren Boden bedecken, mit der Hälfte der restlichen Füllung bestreichen, mit dem oberen Boden bedecken, leicht andrücken, die restliche Füllung auf den oberen Boden geben, glatt streichen. Die Torte kalt stellen.

8 Für den Belag Ananasscheiben gut abtropfen lassen und so halbieren, dass 8 dünne Scheiben entstehen. Pistazienkerne mit Puderzucker mahlen, die Ränder der Ananasscheiben darin drehen.

9 Den Tortenring von der Torte lösen. Den Tortenrand mit steif geschlagener Sahne bestreichen, am unteren Rand mit den restlichen gemahlenen Pistazien bestreuen. Die Torte mit den Ananasscheiben belegen.

Blätterteig-Ricotta-Torte

Zutaten

Für den Knetteig:
125 g Weizenmehl
50 g Zucker
1 Pck. Vanillin-Zucker
75 g Butter oder Margarine

1 Pck. (300 g) TK-Blätterteig

Für die Füllung:
500 g Ricotta
(italienischer Frischkäse)
250 g Magerquark
3 Eigelb (Größe M)
125 g Zucker
1 Pck. Pudding-Pulver
Vanille-Geschmack
100 ml Orangensaft,
frisch gepresst
1 Pck. Finesse Geriebene
Zitronenschale
3 Eiweiß (Größe M)

2 EL Milch

Zum Aprikotieren:
1 EL Aprikosenkonfitüre
1–2 TL Wasser

Zum Bestreuen:
abgezogene, gestiftelte
Mandeln

Zubereitungszeit:
60 Minuten, ohne Kühlzeit

Insgesamt:
E: 146 g, F: 258 g, Kh: 483 g,
kJ: 21079, kcal: 5035

FÜR GÄSTE

1 Für den Knetteig Mehl in eine Rührschüssel sieben. Zucker, Vanillin-Zucker und Butter oder Margarine hinzufügen und mit Handrührgerät mit Knethaken zunächst auf niedrigster, dann auf höchster Stufe gut durcharbeiten.

2 Anschließend auf einer bemehlten Arbeitsfläche zu einem glatten Teig verkneten. Sollte der Teig kleben, ihn eine Zeit lang kalt stellen.

3 Den Teig auf einem Backblech (gefettet, mit Backpapier belegt) zu einem Quadrat von 25 x 25 cm ausrollen und einen Backrahmen in der Größe des Teiges darumstellen. Den Teig mehrmals mit der Gabel einstechen. Das Backblech in den Backofen schieben. Den Boden hellbraun vorbacken.

Ober-/Unterhitze: 180–200 °C (vorgeheizt)
Heißluft: 160–180 °C (vorgeheizt)
Gas: etwa Stufe 3 (vorgeheizt)
Garzeit: etwa 12 Minuten.

4 Das Backblech auf einen Kuchenrost stellen und den Teigboden erkalten lassen.

5 Den Blätterteig nebeneinander zugedeckt nach Packungsanleitung auftauen lassen, die Platten aufeinander legen. Gut die Hälfte des Teiges etwa 3 mm dick ausrollen und in 4 cm breite und 25 cm lange Streifen schneiden. Die Teigstreifen als Rand an den von innen gefetteten Backrahmen legen und etwas andrücken.

6 Für die Füllung Ricotta, Quark, Eigelb, Zucker, Pudding-Pulver, Orangensaft und Zitronenschale miteinander verrühren. Eiweiß steif schlagen, unter die Creme heben, auf den Teig geben und glatt streichen.

7 Restlichen Blätterteig in 4 cm breite und 25 cm lange Streifen schneiden. Die Teigstreifen als Gitter auf die Creme legen und mit Milch bestreichen. Das Backblech in den Backofen schieben.

Ober-/Unterhitze: etwa 180 °C (vorgeheizt)
Heißluft: etwa 160 °C (nicht vorgeheizt)
Gas: Stufe 2–3 (nicht vorgeheizt)
Backzeit: 60–70 Minuten.

8 Zum Aprikotieren Aprikosenkonfitüre mit Wasser aufkochen und die Torte damit bestreichen. Mit Mandeln bestreuen. Torte in der Form erkalten lassen, Backrahmen lösen und entfernen.

Tipp: *Kuchen evtl. zum Ende der Backzeit mit Backpapier bedecken, damit er nicht so dunkel wird.*

Käse-Sahne-Torte mit gezuckerten Früchten und Blumen

Zutaten

Für den Biskuitteig:
3 Eier (Größe M)
3 EL heißes Wasser
150 g Zucker
1 Pck. Vanillin-Zucker
100 g Weizenmehl
2 gestr. TL Backpulver

Für die Füllung:
8 Blatt weiße Gelatine
500 g Magerquark oder Mascarpone
100 g Zucker
1 Pck. Vanillin-Zucker
Schale und Saft von 1 Zitrone (unbehandelt)
500 ml (½ l) Schlagsahne

Zum Verzieren:
200 ml Schlagsahne
1 Pck. Sahnesteif
1 TL Zucker

Zum Garnieren:
etwa 250 g Früchte (z. B. Erd-, Johannis-, Heidel-, Brom- und Himbeeren, Weintrauben, Kumquats)
Blumen, z. B. Rosen, Kapuziner-Kresse (ungespritzt)
1 frisches Eiweiß
Zucker

Zubereitungszeit:
60 Minuten, ohne Kühlzeit

Insgesamt:
E: 192 g, F: 243 g, Kh: 430 g, kJ: 20174, kcal: 4821

KLASSIFIZIERUNG

1 Für den Teig Eier und Wasser mit Handrührgerät mit Rührbesen auf höchster Stufe in 1 Minute schaumig schlagen. Zucker und Vanillin-Zucker mischen, in 1 Minute einstreuen, dann noch etwa 2 Minuten schlagen.

2 Mehl und Backpulver mischen. Die Hälfte davon auf die Eiercreme sieben, kurz auf niedrigster Stufe unterrühren, den Rest des Mehlgemisches auf dieselbe Weise unterarbeiten. Den Teig in eine Springform (Ø 26 cm, Boden gefettet, mit Backpapier belegt) füllen. Die Form auf dem Rost in den Backofen schieben.

Ober-/Unterhitze: etwa 180 °C (vorgeheizt)
Heißluft: etwa 160 °C (vorgeheizt)
Gas: Stufe 2–3 (vorgeheizt)
Backzeit: 20–30 Minuten.

3 Den Boden aus der Form lösen, auf einen mit Backpapier belegten Kuchenrost stürzen und erkalten lassen, einmal waagerecht durchschneiden. Den unteren Boden auf eine Tortenplatte legen und einen Tortenring darumstellen.

4 Für die Füllung Gelatine in kaltem Wasser nach Packungsanleitung einweichen. Quark (Mascarpone) mit Zucker, Vanillin-Zucker, Zitronenschale und -saft verrühren. Gelatine ausdrücken. Die ausgedrückte Gelatine in einem kleinen Topf unter Rühren erwärmen (nicht kochen), bis sie völlig gelöst ist, leicht abkühlen lassen und unter den Quark rühren. Die Sahne steif schlagen, vorsichtig unter die Quarkmasse heben.

5 Die Hälfte der Füllung auf den unteren Boden geben, glatt streichen, den oberen Boden darauf legen, die restliche Masse darauf verteilen und glatt streichen. Die Torte im Kühlschrank in 2–3 Stunden fest werden lassen. Danach den Tortenring entfernen.

6 Zum Verzieren die Sahne mit Sahnesteif und Zucker steif schlagen, in einen Spritzbeutel mit Sterntülle füllen und den Tortenrand damit verzieren.

7 Zum Garnieren die Früchte waschen, gut abtrocknen lassen, in verschlagenem Eiweiß wenden und in Zucker wälzen.

8 Blumen und Blätter leicht unter fließendem kalten Wasser abspülen, gut abtrocknen lassen, mit einem Pinsel das Eiweiß auf die Blüten streichen, mit Zucker bestreuen. Die Blätter in Eiweiß tauchen und in Zucker wälzen. Die Torte mit dem gezuckerten Obst, Blumen und Blättern garnieren.

Quark-Galetta-Torte

Zutaten

Für den Rührteig:
150 g Butter oder Margarine
150 g Zucker
1 Pck. Vanillin-Zucker
1 Prise Salz
3 Eier (Größe M)
125 g Weizenmehl
25 g Speisestärke
1 gestr. TL Backpulver

Für die Füllung:
125 ml (⅛ l) Limettensirup (aus der Flasche)
500 ml (½ l) Milch
500 ml (½ l) Schlagsahne
1 Pck. Finesse Geriebene Zitronenschale
2 Pck. Galetta (Cremepulver Vanille-Geschmack)
500 g Magerquark

Zum Garnieren:
250 ml (¼ l) Schlagsahne
1 Pck. Sahnesteif

Nach Belieben:
Puderzucker, Limettenstückchen

Zubereitungszeit:
40 Minuten, ohne Kühlzeit

Insgesamt:
E: 141 g, F: 398 g, Kh: 522 g
kJ: 26924, kcal: 6430

RAFFINIERT

1 Für den Rührteig Butter oder Margarine mit Handrührgerät mit Rührbesen geschmeidig rühren. Zucker, Vanillin-Zucker und Salz nach und nach unterrühren. So lange rühren, bis eine gebundene Masse entstanden ist.

2 Eier nach und nach unterrühren (jedes Ei etwa ½ Minute). Mehl, Speisestärke und Backpulver mischen, sieben und portionsweise auf mittlerer Stufe unterrühren.

3 Den Teig in eine Springform (Ø 26 cm, Boden gefettet) füllen, glatt streichen und auf dem Rost in den Backofen schieben.

Ober-/Unterhitze: etwa 180 °C (vorgeheizt)
Heißluft: etwa 160 °C (vorgeheizt)
Gas: Stufe 2–3 (vorgeheizt)
Backzeit: etwa 25 Minuten.

4 Den Boden aus der Form lösen, auf einem Kuchenrost erkalten lassen und einmal waagerecht durchschneiden. Den unteren Boden auf eine Platte legen, einen Tortenring darumstellen. Den oberen Boden in 12 Stücke schneiden.

5 Für die Füllung Limettensirup, Milch, Sahne und Zitronenschale in eine Rührschüssel geben. Galetta-Cremepulver hinzufügen, mit Handrührgerät mit Rührbesen kurz vermischen, dann auf höchster Stufe 1 Minute rühren.

6 Quark in zwei Portionen unterrühren. Die Füllung auf dem unteren Boden verteilen und glatt streichen.

7 Sahne mit Sahnesteif steif schlagen, in einen Spritzbeutel mit Sterntülle geben und 12 Stücke aufspritzen. Die geschnittenen Tortenstücke schräg daransetzen. Torte 2 Stunden kalt stellen. Dann den Tortenring entfernen.

8 Nach Belieben Torte mit Puderzucker bestäuben und mit Limettenstückchen garnieren.

Tipp: *Die Torte lässt sich gut in Portionsstücken einfrieren. Die Stücke auf eine Platte legen, einfrieren, dann erst verpacken. Statt Limettensirup kann auch Apfelsaft verwendet werden und zusätzlich 1 Päckchen Finesse Geriebene Zitronenschale. Anstelle von Limetten kann die Torte auch mit Johannisbeeren dekoriert werden.*

Pistazien-Käse-Tarte

Zutaten

Für den Knetteig:
175 g Weizenmehl (Type 550 oder 405)
1 Msp. Backpulver
25 g gemahlene Pistazienkerne
50 g gesiebter Puderzucker
1 Pck. Vanillin-Zucker
1 Ei (Größe M)
125 g Butter

Für die Käsemasse:
100 g weiche Butter
200 g gesiebter Puderzucker
1 Pck. Bourbon-Vanille-Zucker
1 Pck. Finesse Geriebene Zitronenschale
4 Eier (Größe M)
750 g Magerquark
2 EL Weizengrieß
75 g gemahlene Pistazienkerne

Für den Belag:
200 g gemischte Beeren (Erdbeeren, Himbeeren, Brombeeren, Heidelbeeren)
100 g grüne, kernlose Weintrauben oder gedünstete Stachelbeeren
1 Pfirsich oder Nektarine (150 g)
1 Pck. Tortenguss, klar
250 ml (¼ l) klarer Apfelsaft
20 g Zucker

Zubereitungszeit:
40 Minuten, ohne Kühlzeit

Insgesamt:
E: 182 g, F: 255 g, Kh: 554 g, kJ: 22868, kcal: 5463

FÜR GÄSTE

1 Für den Teig Mehl und Backpulver mischen, in eine Rührschüssel sieben, die restlichen Zutaten hinzufügen und mit Handrührgerät mit Knethaken zunächst kurz auf niedrigster, dann auf höchster Stufe gut durcharbeiten. Anschließend auf einer leicht bemehlten Arbeitsfläche zu einem glatten Teig verkneten und eine Zeit lang kalt stellen.

2 Den Teig auf der bemehlten Arbeitsfläche zu einer Platte (Ø etwa 32 cm) ausrollen, sie in eine Tarteform (Ø 30 cm, gefettet, leicht bemehlt) legen und einen Rand hochdrücken. Den Boden mit einer Gabel mehrmals einstechen. Die Form auf dem Rost in den Backofen schieben und den Boden hellbraun vorbacken.

Ober-/Unterhitze: etwa 200 °C (vorgeheizt)
Heißluft: etwa 180 °C (vorgeheizt)
Gas: Stufe 3–4 (vorgeheizt)
Backzeit: etwa 10 Minuten.

3 Die Form auf einen Kuchenrost stellen, den Boden etwas abkühlen lassen.

4 Für die Käsemasse Butter mit Handrührgerät mit Rührbesen geschmeidig rühren. Puderzucker, Vanille-Zucker und Zitronenschale unterrühren. Eier, Quark, Grieß und Pistazien ebenfalls unterrühren. Die Käsemasse auf den vorgebackenen Boden geben und auf dem Rost in den Backofen schieben.

Ober-/Unterhitze: etwa 180 °C (vorgeheizt)
Heißluft: etwa 160 °C (nicht vorgeheizt)
Gas: Stufe 2–3 (nicht vorgeheizt)
Backzeit: etwa 60 Minuten.

5 Die Form auf einen Kuchenrost stellen, die Tarte erkalten lassen.

6 Für den Belag Beeren putzen, waschen und abtropfen lassen. Weintrauben waschen, halbieren und entkernen. Pfirsich waschen, entsteinen und in feine Spalten schneiden. Das Obst auf dem Kuchen verteilen. Aus Tortenguss, Apfelsaft und Zucker nach Packungsanleitung einen Guss zubereiten und über das Obst geben.

Tipp: *Ohne Obstbelag ist der Kuchen gefriergeeignet. Maximal einen Tag vor dem Verzehr zubereiten. Wenn kein frisches Obst vorhanden ist, kann auch Dosenobst nach Belieben verwendet werden. Der Kuchen kann auch in einer Springform (Ø 26 cm) zubereitet werden. Dazu zwei Drittel des Teiges auf dem Boden ausrollen und 10 Minuten vorbacken. Aus dem restlichen Teig eine Rolle formen, sie auf den vorgebackenen Boden legen und einen 2–3 cm hohen Rand andrücken.*

Griechischer Käsekuchen

Zutaten

Für den Knetteig:
150 g Weizenmehl
½ gestr. TL Backpulver
75 g Zucker
1 Pck. Vanillin-Zucker
1 Prise Salz
1 Ei (Größe M)
75 g Butter oder Margarine

Für den Belag:
200 g getrocknete Datteln ohne Steine
500 g Magerquark
2 Becher (je 150 g) Natur-Joghurt
100 g flüssiger Honig
4 Eier (Größe M)
1 Pck. Pudding-Pulver Vanille-Geschmack
1 Pck. Finesse Geriebene Zitronenschale
2 EL Zitronensaft

nach Belieben einige Datteln

Zum Bestreuen:
1 EL Zimt-Zucker (gemischt)
2 EL Hagelzucker

Zubereitungszeit:
45 Minuten, ohne Kühlzeit

Insgesamt:
E: 141 g, F: 108 g, Kh: 519 g, kJ: 15753, kcal: 3762

FÜR GÄSTE – RAFFINIERT

1 Für den Teig Mehl mit Backpulver mischen und in eine Rührschüssel sieben. Zucker, Vanillin-Zucker, Salz, Ei und Butter oder Margarine hinzufügen und alles mit Handrührgerät mit Knethaken zunächst auf niedrigster, dann auf höchster Stufe gut durcharbeiten. Anschließend auf bemehlter Arbeitsfläche zu einem glatten Teig verkneten. Sollte er kleben, ihn eine Zeit lang kalt stellen.

2 Gut zwei Drittel des Teiges auf den Boden einer Springform (Ø 26 cm, gefettet) ausrollen, einen Springformrand darumstellen. Die Form auf dem Rost in den Backofen schieben. Den Boden hellbraun vorbacken.

Ober-/Unterhitze: etwa 200 °C (vorgeheizt)
Heißluft: etwa 180 °C (vorgeheizt)
Gas: Stufe 3–4 (vorgeheizt)
Backzeit: etwa 10 Minuten.

3 Die Form auf einen Kuchenrost stellen und den Kuchen erkalten lassen.

4 Den Rest des Teiges zu einer Rolle formen, sie als Rand auf den Teigboden legen und so an die Form drücken, dass ein etwa 3 cm hoher Rand entsteht.

5 Für den Belag Datteln in Würfel schneiden. Quark mit Joghurt, Honig und Eiern verrühren. Pudding-Pulver, Zitronenschale und -saft unterrühren, Dattelwürfel unterheben. Die Masse auf den Boden streichen. Nach Belieben mit in Spalten geschnittenen Datteln belegen. Die Form auf dem Rost in den Backofen schieben.

Ober-/Unterhitze: etwa 180 °C (vorgeheizt)
Heißluft: etwa 160 °C (nicht vorgeheizt)
Gas: Stufe 2–3 (nicht vorgeheizt)
Backzeit: etwa 60 Minuten.

6 Den Kuchen nach dem Backen noch 15 Minuten im ausgeschalteten Backofen bei leicht geöffneter Backofentür stehen lassen.

7 Danach den Springformrand lösen, den Kuchen auf einen Kuchenrost stellen und erkalten lassen. Anschließend mit Zimt-Zucker und Hagelzucker bestreuen.

Beigabe: *Dazu schmeckt eine Mandel-Sahne. 250 ml (¼ l) Schlagsahne aufschlagen, 50 g zerbröselte Amarettini (italienische Makronen) unterrühren.*

Tipp: *Statt der Datteln können auch getrocknete Feigen und abgezogene, gehackte Mandeln verwendet werden.*

Quark-Früchte-Torte ohne Boden

Zutaten

Für die Quarkmasse:
100 g kandierte Früchte oder Zitronat und Orangeat oder 1 Pck. Früchtemix
50 g Rosinen
4 Eigelb (Größe M)
100 g Zucker
500 g Magerquark
abgeriebene Schale von einer Zitrone (unbehandelt)
1 Pck. Pudding-Pulver Vanille-Geschmack
4 Eiweiß (Größe M)

Zubereitungszeit:
30 Minuten, ohne Kühlzeit

Insgesamt:
E: 94 g, F: 27 g, Kh: 281 g,
kJ: 7599, kcal: 1809

EINFACH – SCHNELL

1 Für die Quarkmasse kandierte Früchte (oder Zitronat oder Orangeat oder Früchtemix) in kleine Würfel schneiden und mit Rosinen mischen.

2 Eigelb und Zucker mit Handrührgerät mit Rührbesen auf höchster Stufe schaumig rühren. Nach und nach Quark und Zitronenschale dazugeben. Pudding-Pulver, kandierte Früchte und Rosinen unterrühren.

3 Eiweiß steif schlagen. Eischnee vorsichtig unter die Quarkmasse ziehen.

4 Die Quarkmasse in eine Springform (Ø 26 cm gefettet, mit Backpapier belegt) füllen und glatt streichen. Form auf dem Rost in den Backofen schieben.

Ober-/Unterhitze: etwa 180 °C (vorgeheizt)
Heißluft: etwa 160 °C (nicht vorgeheizt)
Gas: Stufe 2–3 (nicht vorgeheizt)
Backzeit: etwa 50 Minuten.

5 Die Form auf einen Kuchenrost stellen, den Kuchen erkalten lassen. Dann den Formrand und das Backpapier entfernen.

Tipp: *Kuchen im ausgeschalteten Backofen noch 15 Minuten stehen lassen. Maximal einen Tag vor dem Verzehr zubereiten. Anstelle der kandierten Früchte und Rosinen kann eine Dose gut abgetropfte Mandarinen (Abtropfgewicht 175 g) untergehoben werden.*

Abwandlung: *Für eine* ***Quark-Früchte-Torte mit Boden*** *einen Knetteig aus 150 g Weizenmehl, 1 Teelöffel Backpulver, 65 g Zucker, 1 Ei (Größe M) und 75 g Butter oder Margarine zubereiten. Dafür alle Zutaten in einer Rührschüssel mit Handrührgerät mit Knethaken auf höchster Stufe zu einem Teig verarbeiten. Den Teig auf einem Springformboden (Ø 26 cm, gefettet) ausrollen und bei 180–200 °C (Heißluft: 160–180 °C, Gas: etwa Stufe 3) etwa 15 Minuten vorbacken. Die Form auf einen Kuchenrost stellen, etwas abkühlen lassen. Dann die Masse darauf geben und wie oben angegeben backen.*

Crunchy-Käse-Kuchen

Zutaten

Für den Knetteig:
150 g Weizenmehl
½ gestr. TL Backpulver
20 g Kakaopulver
75 g Zucker
1 Pck. Vanillin-Zucker
1 Prise Salz
1 Ei (Größe M)
75 g Butter oder Margarine

Für die Käsefüllung:
750 g Ricotta
(italienischer Frischkäse)
4 Eigelb (Größe M)
1 Pck. Pudding-Pulver
Vanille-Geschmack
Saft von 1 Zitrone
125 ml (⅛ l) Schlagsahne
100 g Zucker
4 Eiweiß (Größe M)

1 Glas Sauerkirschen
(Abtropfgewicht 370 g)

Für den Belag:
50 g Butter
50 g Zucker
100 ml Schlagsahne
100 g Sonnenblumenkerne

Zubereitungszeit:
45 Minuten, ohne Kühlzeit

Insgesamt:
E: 182 g, F: 293 g, Kh: 476 g, kJ: 23002, kcal: 5491

FÜR KINDER – DAUERT LÄNGER

1 Für den Teig Mehl, Backpulver und Kakao mischen und in eine Rührschüssel sieben. Restliche Zutaten hinzugeben und mit Handrührgerät mit Knethaken zunächst auf niedrigster, dann auf höchster Stufe gut durcharbeiten.

2 Anschließend auf der leicht bemehlten Arbeitsfläche zu einem glatten Teig verkneten. Sollte der Teig kleben, ihn in Folie gewickelt etwa 30 Minuten kalt stellen.

3 Den Teig auf dem Boden einer Springform (Ø 28 cm, Boden gefettet) ausrollen, mehrmals mit einer Gabel einstechen. Den Springformrand darumlegen, die Form auf dem Rost in den Backofen schieben. Den Boden hellbraun vorbacken.

Ober-/Unterhitze: etwa 200 °C (vorgeheizt)
Heißluft: etwa 180 °C (vorgeheizt)
Gas: Stufe 3–4 (vorgeheizt)
Backzeit: etwa 15 Minuten.

4 Den Boden in der Form auf einem Kuchenrost erkalten lassen.

5 Für die Füllung Ricotta mit Eigelb, Pudding-Pulver, Zitronensaft, Sahne und Zucker verrühren. Eiweiß steif schlagen, vorsichtig unter die Käsemasse heben. Sauerkirschen sehr gut abtropfen lassen.

6 Für den Belag Butter schmelzen, Zucker darin auflösen, aber nicht bräunen. Sahne hinzufügen und gut aufkochen lassen. Sonnenblumenkerne hinzufügen und die Masse erkalten lassen.

7 Die Käsefüllung auf den Tortenboden geben, Kirschen darauf verteilen, dann den Belag vorsichtig mit einem Esslöffel darauf verstreichen. Die Form auf dem Rost in den Backofen schieben.

Ober-/Unterhitze: etwa 180 °C (vorgeheizt)
Heißluft: etwa 160 °C (nicht vorgeheizt)
Gas: Stufe 2–3 (nicht vorgeheizt)
Backzeit: etwa 60 Minuten.

8 Die Form auf einen Kuchenrost stellen und abkühlen lassen, dann erst den Kuchen lösen.

Tipp: *Schmeckt am besten frisch (maximal einen Tag vor dem Verzehr zubereiten). Schmeckt auch gut mit Stachelbeeren oder Aprikosen. Anstelle der Sonnenblumenkerne können auch gehobelte Mandeln oder Haselnusskerne verwendet werden.*

Winterapfel-Quark-Torte

Zutaten

Für den Biskuitteig:
4 Eier (Größe M)
3 EL heißes Wasser
150 g Zucker
1 Pck. Vanillin-Zucker
150 g Weizenmehl
1 gestr. TL Backpulver
200 g gemahlene, geröstete Haselnusskerne

Für die Füllung:
4 Blatt weiße Gelatine
1 Becher (500 g) Winterapfelquark (Bratapfel)
1 TL gemahlener Zimt
400 ml Schlagsahne
1 Glas stückiges Apfelmus (265 g)

Zum Bestäuben:
1 gestr. TL Kakaopulver
1 gestr. TL Puderzucker

Zubereitungszeit:
40 Minuten, ohne Kühlzeit

Insgesamt:
E: 160 g, F: 286 g, Kh: 381 g
kJ: 20689, kcal: 4943

RAFFINIERT

1 Für den Teig Eier und Wasser mit Handrührgerät mit Rührbesen auf höchster Stufe in 1 Minute schaumig schlagen.

2 Zucker und Vanillin-Zucker mischen und in 1 Minute einstreuen, dann noch etwa 2 Minuten schlagen. Mehl und Backpulver mischen, die Hälfte davon auf die Eiercreme sieben und auf niedrigster Stufe unterrühren. Den Rest des Mehlgemisches auf die gleiche Weise unterarbeiten. Zuletzt Haselnusskerne unterheben.

3 Den Teig in eine Springform (Ø 26 cm, Boden gefettet, mit Backpapier belegt) füllen. Die Form auf dem Rost in den Backofen schieben.

Ober-/Unterhitze: etwa 180 °C (vorgeheizt)
Heißluft: etwa 160 °C (vorgeheizt)
Gas: Stufe 2–3 (vorgeheizt)
Backzeit: etwa 25 Minuten.

4 Den Boden aus der Form lösen, auf einen Kuchenrost stürzen und erkalten lassen.

5 Für die Füllung die Gelatine in kaltem Wasser nach Packungsanleitung einweichen, ausdrücken. Die ausgedrückte Gelatine in einem kleinen Topf unter Rühren erwärmen (nicht kochen), bis sie völlig gelöst ist, leicht abkühlen lassen. Den Quark mit Zimt verrühren, die Gelatine unterrühren. Sahne steif schlagen und unterheben.

6 Den Boden einmal waagerecht durchschneiden, aber so, dass der untere etwas dicker ist. Den unteren Boden auf eine Platte legen, aus dem oberen Boden einen Kreis (Ø 12 cm) ausstechen, das Innere grob zerbröseln und unter die Quark-Sahne-Mischung heben (1 Esslöffel von den Gebäckbröseln zurücklassen).

7 Aus dem jetzt entstandenen Rand 12 Stücke schneiden. Das Apfelmus auf den unteren Boden geben und gleichmäßig verstreichen. Die Quarkmasse bergartig darauf geben, dann fest werden lassen.

8 Die Stücke rundherum auf die Quarkmasse legen, die zurückgelassenen Brösel in die Mitte geben, Puderzucker und Kakao mischen und darauf sieben. Die Torte 2 Stunden kalt stellen.

Tipp: *Winterapfelquark (Bratapfel) gibt es nur in den Wintermonaten zu kaufen. Sie können statt dessen auch Magerquark verwenden und nach Belieben 100 g Zucker, 2–3 Esslöffel Rum und 50 g Rosinen unterrühren.*

Kaffee-Käse-Kuchen (gebacken)

Zutaten

Für den Knetteig:
125 g Weizenmehl
10 g Kakaopulver
1 Msp. Backpulver
50 g Zucker
1 Pck. Vanillin-Zucker
1 EL Kaffeelikör
75 g Butter oder Margarine

Für den Belag I:
750 g Magerquark
150 g Zucker
3 gestr. EL Instant-Espresso Kaffee
4 EL Wasser
3 EL Kaffeelikör
3 Eier (Größe M)
1 Pck. Pudding-Pulver Karamel-Geschmack

Für den Belag II
2 Becher (je 150 g) Saure Sahne
60 g Zucker
1 EL Instant-Espresso Kaffee
2 EL Wasser
2 EL Kaffeelikör
50 g aufgelöste Mokkaschokolade
1 Pck. Dessert-Sauce Vanille-Geschmack (Zum Kochen)

Für den Rand:
Schokotäfelchen

Zubereitungszeit:
45 Minuten

Insgesamt:
E: 154 g, F: 197 g, Kh: 505 g, kJ: 19584, kcal: 4675

RAFFINIERT – FÜR GÄSTE

1 Für den Teig Mehl in eine Rührschüssel sieben, restliche Zutaten hinzufügen. Die Zutaten mit Handrührgerät mit Knethaken zunächst kurz auf niedrigster, dann auf höchster Stufe gut durcharbeiten. Anschließend auf einer bemehlten Arbeitsfläche zu einem glatten Teig verkneten. Sollte er kleben, ihn in Folie gewickelt eine Zeit lang kalt stellen.

2 Teig auf einem Springformboden (Ø 26 cm, gefettet) ausrollen, einen Springformrand darumstellen. Form auf dem Rost in den Backofen schieben und vorbacken.

Ober-/Unterhitze: etwa 180 °C (vorgeheizt)
Heißluft: etwa 160 °C (vorgeheizt)
Gas: Stufe 2–3 (vorgeheizt)
Backzeit: 12–15 Minuten.

3 Für den ersten Belag Zutaten miteinander verrühren und auf den Boden geben. Form wieder in den Backofen schieben, **bei gleicher Temperatur etwa 30 Minuten** backen. Form 10 Minuten im ausgeschalteten Backofen stehen lassen.

4 Für den zweiten Belag die Zutaten miteinander verrühren und auf den vorgebackenen Belag streichen. Form wiederum auf dem Rost in den Backofen schieben und **bei gleicher Temperatur weitere 30 Minuten** backen. Form auf einen Kuchenrost stellen, Kuchen in der Form erkalten lassen. Springformrand entfernen, Rand mit Schokotäfelchen garnieren.

Abwandlung: *Kaffee-Käse-Kuchen (ungebacken)*
Für den Boden: *2 Pck. (je 125 g) Zartbitter-Schokowaffeln, 75 g zerlassene Butter*
Für den Belag I: *750 g Speisequark (40 %), 150 g Zucker, 10 Blatt weiße Gelatine, 3 gestr. EL Instant-Espresso Kaffee, 4 EL Wasser , 3 EL Kaffeelikör, 250 ml (¼ l) Schlagsahne*
Für den Belag II: *2 Becher (je 150 g) Saure Sahne, 60 g Zucker, 1 EL Instant-Espresso Kaffee, 2 EL Wasser, 2 EL Kaffeelikör, 50 g aufgelöste Mokkaschokolade, 1 Pck. Dessert-Sauce Vanille-Geschmack (ohne Kochen)*
Für den Rand: *Schokotäfelchen*

1. Für den Boden Schokowaffeln in einen Gefrierbeutel füllen und mit einer Teigrolle darüber rollen. Schokobrösel mit der Butter gut vermischen und in eine Springform (Ø 26 cm, Boden gefettet) füllen, mit einem Esslöffel glatt streichen, kalt stellen.
2. Für den ersten Belag Quark mit Zucker verrühren. Gelatine in kaltem Wasser nach Packungsanleitung einweichen. Espresso Kaffee mit Wasser in einem kleinen Topf erwärmen. Gelatine etwas ausdrücken und unter Rühren in dem Kaffee vollständig auflösen, Kaffeelikör hinzufügen und unter die Quarkmasse rühren. Sahne steif schlagen und unter die Quarkmasse heben. Die Masse auf dem Boden verteilen, glatt streichen, kalt stellen.
3. Für den zweiten Belag Zutaten miteinander verrühren, auf den fest gewordenen Quarkbelag streichen und wieder kalt stellen. Den Rand mit Schokotäfelchen garnieren.

Käsekuchen mit gemischtem Obst

Zutaten

Für den Rührteig:
150 g Butter oder Margarine
150 g Zucker
1 Pck. Vanillin-Zucker
1 Prise Salz
3 Eier (Größe M)
150 g Weizenmehl
2 gestr. TL Backpulver

Für die Käsemasse:
4 Eigelb (Größe M)
125 g Zucker
2 Pck. Vanillin-Zucker
1 Pck. Pudding-Pulver Vanille-Geschmack
1 kg Magerquark
250 g Schmand oder Crème fraîche
4 Eiweiß (Größe M)

Für den Belag:
2 Dosen Fruchtcocktail (Abtropfgewicht je 500 g)

Für den Guss:
2 Pck. Tortenguss, weiß
20 g Zucker
500 ml (½ l) Fruchtcocktail-Saft

Zubereitungszeit:
45 Minuten, ohne Kühlzeit

Insgesamt:
E: 219 g, F: 237 g, Kh: 738 g
kJ: 26984, kcal: 6444

DAUERT ETWAS LÄNGER – FRUCHTIG

1 Für den Teig Butter oder Margarine mit Handrührgerät mit Rührbesen auf höchster Stufe geschmeidig rühren. Nach und nach Zucker, Vanillin-Zucker und Salz unterrühren, so lange rühren, bis eine gebundene Masse entstanden ist.

2 Eier nach und nach unterrühren (jedes Ei etwa ½ Minute). Mehl mit Backpulver mischen, sieben und portionsweise auf mittlerer Stufe unterrühren. Den Teig auf ein Backblech (30 x 40 cm, gefettet) streichen, einen Backrahmen darumstellen.

3 Für die Käsemasse Eigelb mit Zucker und Vanillin-Zucker gut verrühren. Pudding-Pulver, Quark und Schmand oder Crème fraîche hinzufügen und unterrühren. Eiweiß steif schlagen und unterheben. Die Käsemasse auf dem Teigboden verteilen, das Backblech in den Backofen schieben.

Ober-/Unterhitze: etwa 180 °C (vorgeheizt)
Heißluft: etwa 160 °C (nicht vorgeheizt)
Gas: Stufe 2–3 (nicht vorgeheizt)
Backzeit: etwa 40 Minuten.

4 Den Kuchen auf dem Backblech auf einem Kuchenrost erkalten lassen.

5 Für den Belag Fruchtcocktail in einem Sieb gut abtropfen lassen, dabei den Saft auffangen, 500 ml (½ l) davon abmessen. Fruchtcocktail auf dem Kuchen verteilen.

6 Aus Tortenguss, Zucker und dem abgemessenen Saft nach Packungsanleitung einen Guss zubereiten, über die Früchte geben und fest werden lassen. Den Backrahmen vorsichtig mit Hilfe eines Messers lösen und entfernen.

Abwandlung: *Unter den Rührteig 1 gestrichenen Esslöffel Kakaopulver rühren. Statt des Fruchtcocktails abgetropfte Aprikosen auf der Quarkmasse verteilen, Aprikosensaft mit Wasser auf 500 ml (½ l) ergänzen.*

Johannisbeer-Quark-Kuchen mit Baiser

Zutaten

Für den Quark-Öl-Teig:
300 g Weizenmehl
1 Pck. Backpulver
150 g Magerquark
75 ml Milch
75 ml Speiseöl
75 g Zucker
1 Pck. Vanillin-Zucker
1 Prise Salz

Für den Belag:
750 g Johannisbeeren
750 g Magerquark
200 g Zucker
1 Pck. Vanillin-Zucker
3 Eier (Größe M)
2 Eigelb (Größe M)
50 g zerlassene Butter
50 g Speisestärke

Für die Baisermasse:
2 Eiweiß (Größe M)
100 g Zucker
20 g abgezogene, gehobelte Mandeln

Zubereitungszeit:
50 Minuten

Insgesamt:
E: 211 g, F: 174 g, Kh: 737 g, kJ: 23546, kcal: 5618

FÜR GÄSTE

1 Für den Teig Mehl mit Backpulver mischen, in eine Rührschüssel sieben und Quark, Milch, Speiseöl, Zucker, Vanillin-Zucker und Salz hinzufügen. Die Zutaten mit Handrührgerät mit Knethaken auf höchster Stufe etwa 1 Minute verarbeiten (nicht länger, Teig klebt sonst), anschließend auf der bemehlten Arbeitsfläche zu einer Rolle formen.

2 Den Teig auf einem Backblech (30 x 40 cm, gefettet) ausrollen, vor den Teig einen mehrfach umgeknickten Streifen Alufolie legen oder einen Backrahmen darumstellen.

3 Für den Belag die Johannisbeeren waschen, gut abtropfen lassen und entstielen. Die übrigen Zutaten zu einer Quarkcreme verrühren. Die Johannisbeeren unter die Quarkcreme heben, auf dem Teig verteilen und glatt streichen. Das Backblech in den Backofen schieben.

Ober-/Unterhitze: etwa 180 °C (vorgeheizt)
Heißluft: etwa 160 °C (vorgeheizt)
Gas: Stufe 2–3 (vorgeheizt)
Backzeit: etwa 30 Minuten.

4 Für die Baisermasse das Eiweiß steif schlagen. Es muss so fest sein, dass ein Messerschnitt sichtbar bleibt. Nach und nach den Zucker unterschlagen. Den Eischnee vorsichtig auf die Quarkmasse streichen. Die Mandeln darüber streuen. Das Backblech wieder in den Backofen schieben.

Ober-/Unterhitze: 200–220 °C (vorgeheizt)
Heißluft: 180–200 °C (vorgeheizt)
Gas: etwa Stufe 4 (vorgeheizt)
Backzeit: etwa 5 Minuten.

5 Das Backblech auf einen Kuchenrost stellen und abkühlen lassen. Die Folie entfernen oder den Backrahmen vorsichtig mit einem Messer lösen und entfernen.

Tipp: *Schmeckt am besten frisch. Der Kuchen lässt sich auch gut mit Heidelbeeren oder gedünsteten Stachelbeeren zubereiten. Ohne die Baisermasse lässt sich der Kuchen auch gut einfrieren.*

Abwandlung: *Es können auch TK-Beerenfrüchte verwendet werden. Die tiefgefrorenen Früchte nur kurz antauen lassen und unter die Quarkmasse heben.*

Beeriger Käsekuchen

Zutaten

Für den Hefeteig:
175 g Weizenmehl
½ Pck. Trockenhefe
10 g Zucker, 1 Pck. Vanillin-Zucker
1 Becher (150 g) Crème fraîche

Für den Knetteig:
75 g Weizenmehl
1 Msp. Backpulver
20 g Zucker, 1 Pck. Vanillin-Zucker
½ Pck. Finesse Geriebene Zitronenschale
1 Eigelb (Größe M), 50 g Butter

Für den Belag:
4 Eiweiß (Größe M), 1 EL Zucker
750 g Magerquark
150 g Zucker
1 Pck. Vanillin-Zucker
4 Eigelb (Größe M)
½ Pck. Finesse Geriebene Zitronenschale
1 Becher (125 g) Crème double, 3 EL Milch
1 Pck. Käsekuchen-Hilfe
350 g vorbereitete Johannisbeeren
400 g vorbereitete Stachelbeeren oder 1 Glas Stachelbeeren (Abtropfgewicht 350 g)

Zum Bestreichen:
1 Eigelb (Größe M), 25 ml Milch

Zum Garnieren:
350 g vorbereitete Johannisbeeren
100 g vorbereitete Stachelbeeren
Puderzucker

Zubereitungszeit:
60 Minuten, ohne Teiggeh- und Kühlzeit

Insgesamt:
E: 186 g, F: 190 g, Kh: 630 g, kJ: 21876, kcal: 5222

FÜR GÄSTE – RAFFINIERT

1 Für den Hefeteig Mehl in eine Rührschüssel sieben, Trockenhefe sorgfältig untermischen. Zucker, Vanillin-Zucker und leicht erwärmter Crème fraîche hinzufügen und mit Handrührgerät mit Knethaken zunächst auf niedrigster, dann auf höchster Stufe in etwa 5 Minuten zu einem glatten Teig verarbeiten. Den Teig zugedeckt so lange an einem warmen Ort stehen lassen, bis er sich sichtbar vergrößert hat.

2 Für den Knetteig Mehl mit Backpulver mischen, in eine Rührschüssel sieben. Zucker, Vanillin-Zucker, Zitronenschale, Eigelb und Butter hinzufügen und mit Handrührgerät mit Knethaken zunächst kurz auf niedrigster, dann auf höchster Stufe gut durcharbeiten. Anschließend auf der Arbeitsfläche zu einem glatten Teig verkneten.

3 Den gegangenen Hefeteig mit dem Knetteig verkneten. Drei Viertel des Teiges auf einem Backblech (gefettet) zu einer Größe von 20 x 30 cm ausrollen. Backrahmen in der Größe des Teiges darumstellen.

4 Für den Belag Eiweiß steif schlagen und Zucker unterschlagen. Quark mit Zucker, Vanillin-Zucker, Eigelb, Zitronenschale, Crème double, Milch und Käsekuchen-Hilfe mit Handrührgerät mit Rührbesen auf höchster Stufe in etwa 1 Minute glatt rühren. Eischnee unterheben. Die Johannisbeeren und Stachelbeeren ebenfalls unterheben. Die Masse auf dem Teig verteilen.

5 Den restlichen Teig dünn ausrollen, Ringe von etwa 10 cm Durchmesser ausstechen und auf den Belag legen. Eigelb und Milch verrühren und die Teigringe – mit Hilfe eines Pinsels – mit der Eigelbmilch bestreichen. Das Backblech in den Backofen schieben.

Ober-/Unterhitze: etwa 180 °C (vorgeheizt)
Heißluft: etwa 160 °C (nicht vorgeheizt)
Gas: Stufe 2-3 (nicht vorgeheizt)
Backzeit: etwa 40 Minuten.

6 Das Backblech auf einen Kuchenrost stellen und den Kuchen darauf erkalten lassen.

7 Zum Garnieren die Ringe mit den Beeren belegen. Den Kuchen vor dem Servieren mit Puderzucker bestäuben.

Tipp: *Den Kuchen maximal einen Tag vor dem Verzehr zubereiten. Anstelle der Johannis- und Stachelbeeren schmecken auch Heidelbeeren, Himbeeren oder Sauerkirschen. Die Ringe extra auf ein Backblech legen, mit Eigelbmilch bestreichen und bei 200 °C (180 °C, Stufe 3–4) etwa 8 Minuten backen. Auf den erkalteten Kuchen legen und weiter ab Punkt 7 verfahren.*

Schwalbenschnitten

Zutaten

Für den Rührteig:
200 g Butter oder Margarine
200 g Zucker
1 Pck. Vanillin-Zucker
4 Eier (Größe M)
200 g Weizenmehl
2 gestr. TL Backpulver

Für die Schwalben:
1 Eiweiß (Größe M)
40 g Puderzucker
35 g Weizenmehl
15 g zerlassene, abgekühlte Butter

Für den Belag:
500 ml (½ l) Schlagsahne
1 Pck. Käse-Sahne Tortencreme
200 ml Apfelsaft
400 g Doppelrahm-Frischkäse
1 Pck. Finesse Geriebene Zitronenschale

Für den Obstbelag:
etwa 1,5 kg vorbereitetes Obst, z. B. Kiwi, Weintrauben, Apfelspalten, Erdbeeren, Kapstachelbeeren, Mandarinen, Kumquats oder Sternfrüchte (Karambole)

Für den Guss:
500 ml (½ l) Apfelsaft
50 g Zucker
Dekozucker aus der Käse-Sahne Tortencreme (ist in der Packung enthalten)
2 Pck. Tortenguss, klar

Zubereitungszeit:
80 Minuten, ohne Kühlzeit

Insgesamt:
E: 145 g, F: 420 g, Kh: 963 g, kJ: 35586, kcal: 8506

DAUERT LÄNGER

1 Für den Teig Butter oder Margarine mit Handrührgerät mit Rührbesen auf höchster Stufe geschmeidig rühren. Zucker und Vanillin-Zucker nach und nach unterrühren. So lange rühren, bis eine gebundene Masse entstanden ist.

2 Eier nach und nach unterrühren (jedes Ei etwa ½ Minute). Mehl und Backpulver mischen, sieben und portionsweise auf mittlerer Stufe unterrühren.

3 Den Teig auf einem Backblech (30 x 40 cm, gefettet, nach Belieben mit Backpapier belegt) verteilen und glatt streichen. Backblech in den Backofen schieben.

Ober-/Unterhitze: etwa 180 °C (vorgeheizt)
Heißluft: etwa 160 °C (vorgeheizt)
Gas: Stufe 2–3 (vorgeheizt)
Backzeit: etwa 25 Minuten.

4 Das Backblech auf einen Kuchenrost stellen, den Kuchen erkalten lassen und einen Backrahmen darumstellen.

5 Für die Schwalben Eiweiß etwas anschlagen, Puderzucker sieben und mit Mehl und Butter unterrühren. Teig mit Lochschablone (auf einer 2 mm starken Pappe eine Schwalbe vorzeichnen und ausschneiden) auf ein Backblech (gefettet, mit Mehl bestäubt) streichen. Backblech mit 4–5 Schwälbchen in den Backofen schieben.

Ober-/Unterhitze: 180–200 °C (vorgeheizt)
Heißluft: 160–180 °C (vorgeheizt)
Gas: etwa Stufe 3 (vorgeheizt)
Backzeit: 4–5 Minuten.

6 Nach dem Backen Schwalben sofort mit Spachtel lösen und mit den Flügeln über zwei Kochlöffelstiele biegen.

7 Für den Belag die Sahne steif schlagen. Tortencremepulver in eine Rührschüssel geben, Apfelsaft hinzufügen und mit einem Schneebesen etwa eine halbe Minute gut verrühren. Frischkäse portionsweise unterrühren, Zitronenschale ebenfalls unterrühren. Zuletzt die steif geschlagene Sahne unterheben. Die Masse auf dem vorgebackenen Boden verstreichen und etwa 2 Stunden kalt stellen.

8 Das vorbereitete Obst dekorativ darauf verteilen. Den Guss nach Packungsanleitung zubereiten, auf dem Obst verteilen und fest werden lassen. Den Backrahmen mit Hilfe eines Messers vorsichtig lösen und entfernen.

9 Die Schnitten erst kurz vor dem Verzehr mit den Schwalben verzieren.

Zwetschen- oder Pflaumenkuchen mit Quarkguss

Zutaten

Für den Hefeteig:
375 g Weizenmehl
1 Pck. Trockenhefe
50 g Zucker
1 Pck. Vanillin-Zucker
1 Prise Salz
1 Ei (Größe M)
200 ml lauwarme Milch
50 g zerlassene, abgekühlte Butter oder Margarine

Für den Belag:
2,5 kg Zwetschen oder Pflaumen

Für den Quarkguss:
100 g weiche Butter
150 g Zucker
2 Eier (Größe M)
500 g Magerquark
1 Pck. Pudding-Pulver Vanille- oder Sahne-Geschmack
125 ml (⅛ l) Milch

Zum Bestreuen:
Hagelzucker oder Zimt-Zucker

Zubereitungszeit:
60 Minuten, ohne Teiggehzeit

Insgesamt:
E: 150 g, F: 164 g, Kh: 562 g, kJ: 18838, kcal: 4497

FÜR GÄSTE – RAFFINIERT

1 Für den Teig Mehl in eine Rührschüssel sieben und mit Trockenhefe sorgfältig vermischen. Die übrigen Zutaten hinzufügen und mit Handrührgerät mit Knethaken zunächst auf niedrigster, dann auf höchster Stufe in etwa 5 Minuten zu einem Teig verarbeiten. Den Teig zugedeckt so lange an einem warmen Ort stehen lassen, bis er sich sichtbar vergrößert hat.

2 Für den Belag die Zwetschen oder Pflaumen waschen, gut abtropfen lassen, trockentupfen, halbieren, entsteinen und einschneiden.

3 Den gegangenen Teig auf der Arbeitsfläche nochmals kurz durchkneten und auf einem Backblech oder einer Fettfangschale (30 x 40 cm, gefettet) ausrollen. Die Pflaumen dachziegelartig mit der Innenseite nach oben auf den Teig legen.

4 Für den Quarkguss Butter mit Handrührgerät mit Rührbesen geschmeidig rühren. Nach und nach Zucker, Eier und Quark unterrühren. Pudding-Pulver mit Milch anrühren und unter die Quarkmasse rühren. Den Guss über die Zwetschen oder Pflaumen verteilen und den Teig nochmals so lange an einem warmen Ort gehen lassen, bis er sich sichtbar vergrößert hat. Das Backblech (die Fettfangschale) in den Backofen schieben.

Ober-/Unterhitze: etwa 200 °C (vorgeheizt)
Heißluft: etwa 180 °C (vorgeheizt)
Gas: Stufe 3–4 (vorgeheizt)
Backzeit: etwa 30 Minuten.

5 Das Backblech (die Fettfangschale) auf einen Kuchenrost stellen. Den Kuchen sofort nach dem Backen mit Hagelzucker oder Zimt-Zucker bestreuen, abkühlen lassen.

Tipp: *Den Kuchen am besten frisch servieren.*

Abwandlung: *Nach Belieben 50 g abgezogene, gemahlene Mandeln auf dem Hefeteig verteilen, dann die Pflaumen darauf geben. Statt des Quarkgusses 400 ml Schlagsahne mit 2 Eiern (Größe M) verquirlen und nach der Hälfte der Backzeit auf die Pflaumen geben.*

Fruchtiger Mohn-Quark-Kuchen

Zutaten

Für den Hefeteig:
250 g Weizenmehl
1 Pck. Trockenhefe
40 g Zucker
1 Pck. Vanillin-Zucker
1 Prise Salz
5 Tropfen Zitronen-Aroma
50 g zerlassene, abgekühlte Butter oder Margarine
125 ml (1/8 l) lauwarme Milch

Für den Belag:
300 ml Milch
40 g Zucker
1 Pck. Vanillin-Zucker
1 Prise Salz
50 g Weizengrieß
500 g Magerquark
50 g Butter
2 Eier (Größe M)
2 Pck. (je 250 g) Mohnback
375 g fein geschnittene Äpfel
75 g Rosinen

Für die Streusel:
200 g Weizenmehl
75 g Zucker
1 Pck. Vanillin-Zucker
125 g weiche Butter
Puderzucker

Zubereitungszeit:
40 Minuten

Insgesamt:
E: 199 g, F: 300 g, Kh: 911 g, kJ: 30085 , kcal: 7185

Für Gäste

1 Für den Teig Mehl in eine Rührschüssel sieben und mit der Hefe sorgfältig vermischen. Die übrigen Zutaten hinzufügen und mit Handrührgerät mit Knethaken zunächst auf niedrigster, dann auf höchster Stufe in etwa 5 Minuten zu einem Teig verarbeiten. Den Teig zugedeckt so lange an einem warmen Ort stehen lassen, bis er sich sichtbar vergrößert hat.

2 Für den Belag die Milch mit Zucker, Vanillin-Zucker und Salz aufkochen lassen. Den Grieß einrühren, kurz aufkochen lassen und von der Kochstelle nehmen. Quark, Butter und Eier unterrühren.

3 Unter die Hälfte der Quark-Grieß-Masse das Mohnback, die Apfelstücke und Rosinen rühren.

4 Den Hefeteig kurz durchkneten und auf einem Backblech (30 x 40 cm, gefettet) ausrollen. Zunächst mit der Mohnmasse bestreichen und dann die restliche Quark-Masse gleichmäßig darauf streichen.

5 Für die Streusel das Mehl in eine Rührschüssel sieben. Den Zucker, Vanillin-Zucker und die Butter hinzufügen und mit Handrührgerät mit Knethaken zu Streuseln von gewünschter Größe verarbeiten. Die Streusel gleichmäßig auf der Quark-Masse verteilen.

6 Den Teig nochmals so lange an einem warmen Ort stehen lassen, bis er sich sichtbar vergrößert hat, erst dann das Backblech in den Backofen schieben.

Ober-/Unterhitze: etwa 180 °C (vorgeheizt)
Heißluft: 160-180 °C (nicht vorgeheizt)
Gas: Stufe 3-4 (nicht vorgeheizt)
Backzeit: etwa 35 Minuten.

7 Den Kuchen vor dem Servieren mit Puderzucker bestäuben.

Tipp: *Der Kuchen schmeckt am besten frisch.*

Fränkischer Käsekuchen

Zutaten

Für den Hefeteig:
375 g Weizenmehl
1 Pck. Trockenhefe
65 g Zucker
1 Prise Salz
1 Ei (Größe M)
150 ml lauwarme Milch
100 g zerlassene, abgekühlte Butter

Für den Belag:
1 kg Magerquark
125 ml (⅛ l) Milch
2 Pck. Vanillin-Zucker
4 Eier (Größe M)
150 g Zucker
1,5 kg Äpfel

Zubereitungszeit:
40 Minuten, ohne Gehzeit

Insgesamt:
E: 241 g, F: 194 g, Kh: 778 g,
kJ: 25674, kcal: 6124

RAFFINIERT

1 Für den Teig Mehl in eine Rührschüssel sieben und sorgfältig mit der Hefe mischen. Zucker, Salz, Ei, Milch und Butter hinzufügen.

2 Die Zutaten mit Handrührgerät mit Knethaken zunächst auf niedrigster, dann auf höchster Stufe in etwa 5 Minuten zu einem Teig verarbeiten. Den Teig zugedeckt so lange an einem warmen Ort gehen lassen, bis er sich sichtbar vergrößert hat.

3 Den Teig auf der Arbeitsfläche nochmals kurz durchkneten. Den Teig auf einem Backblech (30 x 40 cm, gefettet) oder einer Fettfangschale ausrollen, Ränder hochdrücken.

4 Für den Belag Quark, Milch und Vanillin-Zucker in einer Schüssel gut verrühren. Auf dem Hefeteig verstreichen.

5 Die Eier mit Zucker verquirlen und anschließend auf der Quarkmasse verteilen.

6 Äpfel schälen, vierteln, entkernen und in dünne Scheiben schneiden. Den Kuchen gleichmäßig damit belegen und so lange gehen lassen, bis er sich sichtbar vergrößert hat. Das Backblech in den Ofen schieben.

Ober-/Unterhitze: etwa 200 °C (vorgeheizt)
Heißluft: etwa 180 °C (nicht vorgeheizt)
Gas: Stufe 3–4 (nicht vorgeheizt)
Backzeit: etwa 35 Minuten.

7 Das Backblech (die Fettfangschale) auf einen Kuchenrost stellen, den Kuchen erkalten lassen.

Tipp: *Quarkmasse zusätzlich mit Zitronenschale abschmecken. Der Kuchen schmeckt am besten frisch. Er ist gefriergeeignet. Nach Belieben noch 50 g Rosinen auf den Äpfeln verteilen und etwas Zimt-Zucker aufstreuen.*

Topfenstrudel (Quarkstrudel)

1 Für den Teig Mehl in eine Rührschüssel sieben. Salz, Ei, Wasser und Speiseöl hinzufügen. Die Zutaten mit Handrührgerät mit Knethaken zunächst kurz auf niedrigster, dann auf höchster Stufe gut durcharbeiten. Anschließend auf der Arbeitsfläche zu einem glatten Teig verkneten.

2 Den Teig auf Backpapier in einen heißen, trockenen Kochtopf legen (vorher Wasser darin kochen), mit einem Deckel verschließen, etwa 30 Minuten ruhen lassen.

3 Für die Füllung Butter oder Margarine geschmeidig rühren, nach und nach Zucker, Ei, Zitronensaft, Quark, Saucen-Pulver und Sahne unterrühren.

4 Den Teig auf einem bemehlten großen Küchentuch dünn ausrollen, mit den Händen zu einem Rechteck (60 x 40 cm) ausziehen (er muss durchsichtig sein), die dickeren Ränder abschneiden. Den Teig mit etwas Butter bestreichen, auf zwei Drittel des Teiges die Füllung streichen (an den Seiten etwa 3 cm Teig frei lassen). Mit Rosinen bestreuen.

5 Die Aprikosenhälften gut abtropfen lassen, in kleine Stücke schneiden, die Quarkmasse damit belegen. Die frei gelassenen Teigstreifen auf die Füllung klappen, den Teig mit Hilfe des Tuches, mit der Füllung beginnend, aufrollen, an den Enden gut zusammendrücken.

6 Den Strudel auf ein Backblech (gefettet) legen, mit etwas Butter bestreichen. Das Backblech in den Backofen schieben.

Ober-/Unterhitze: etwa 180 °C (vorgeheizt)
Heißluft: etwa 160 °C (nicht vorgeheizt)
Gas: Stufe 2–3 (nicht vorgeheizt)
Backzeit: etwa 45 Minuten.

7 Nach 30 Minuten Backzeit den Strudel mit der restlichen Butter bestreichen.

8 Den Strudel erkalten lassen, nach Belieben mit Puderzucker bestäuben.

Tipp: *Den Strudel nach Belieben mit Vanillesauce servieren. Der Strudel schmeckt auch gut mit Heidelbeeren oder Kirschen.*
Der Strudel lässt sich auch gut einfrieren. Den Strudel dann aufgetaut bei etwa 200 °C (Heißluft: etwa 180 °C, Gas: Stufe 3–4) etwa 10 Minuten aufbacken. Oder den Strudel hell vorbacken und tiefgekühlt bei etwa 200 °C (Heißluft: etwa 180 °C, Gas: Stufe 3–4) etwa 25 Minuten aufbacken.

Zutaten

Für den Strudelteig:
125 g Weizenmehl
1 Prise Salz
1 Ei (Größe M)
2 EL lauwarmes Wasser
knapp 2 EL Speiseöl

Für die Füllung:
40 g Butter oder Margarine
40 g Zucker
1 Ei (Größe M)
1 EL Zitronensaft
250 g Topfen (Magerquark)
1 Pck. Saucen-Pulver Vanille-Geschmack
2 EL Schlagsahne

Zum Bestreichen:
40 g weiche Butter

Zum Bestreuen:
50 g Rosinen

Zum Belegen:
1 Dose Aprikosenhälften (Abtropfgewicht 480 g)

Zubereitungszeit:
40 Minuten, ohne Ruhezeit

Insgesamt:
E: 60 g, F: 116 g, Kh: 279 g,
kJ: 10552, kcal: 2520

FÜR KINDER

Quarkstrudel mit Obst

Zutaten

Für den Strudelteig:
250 g Weizenmehl
1 Prise Salz
100 ml lauwarmes Wasser
1 Ei (Größe S)
1 EL Speiseöl

Für die Füllung:
100 g getrocknete, weiche Aprikosen
500 g säuerliche Äpfel
250 g Magerquark
1 Becher (150 g) Crème fraîche
1 Ei (Größe M)
50 g Zucker
1 Pck. Vanillin-Zucker
1 geh. EL Speisestärke
abgeriebene Schale von 1 Zitrone (unbehandelt)
1–2 EL Zitronensaft
50 g abgezogene, gehobelte Mandeln
75 g Rosinen

Zum Bestreichen:
50 g zerlassene Butter

Zum Bestäuben:
25 g Puderzucker

Zubereitungszeit:
60 Minuten, ohne Ruhezeit

Insgesamt:
E: 102 g, F: 147 g, Kh: 411 g, kJ: 14970, kcal: 3573

DAUERT LÄNGER

1 Für den Teig Mehl in eine Rührschüssel sieben. Salz, Wasser, Ei und Speiseöl hinzufügen, mit Handrührgerät mit Knethaken zu einem glatten Teig verkneten. Anschließend auf Backpapier in einen heißen, trockenen Kochtopf (vorher Wasser darin kochen) legen, mit einem Deckel verschließen, etwa 30 Minuten ruhen lassen.

2 Für die Füllung die getrockneten Aprikosen in feine Streifen schneiden.

3 Äpfel schälen, vierteln, entkernen und in dünne Scheiben schneiden.

4 Quark mit Crème fraîche, Ei, Zucker, Vanillin-Zucker, Speisestärke, Zitronenschale und -saft verrühren. Aprikosenstreifen, Apfelscheiben, Mandeln und Rosinen unterheben.

5 Den Strudelteig auf einem bemehlten Tuch dünn ausrollen, ihn dann mit den Händen zu einem Rechteck von etwa 50 x 70 cm ausziehen (er muss durchsichtig sein), die Ränder, wenn sie dicker sind, abschneiden.

6 Die Füllung auf zwei Drittel des Teiges verteilen (an den kürzeren Seiten etwa 3 cm Teig frei lassen). Auf den unbelegten Teig die Hälfte von der Butter streichen, die Teigränder auf die Füllung schlagen, den Teig mit Hilfe des Tuches, mit der Füllung beginnend, aufrollen. An den Enden fest zusammendrücken.

7 Den Strudel auf ein Backblech (gefettet) legen, mit der restlichen Butter bestreichen, in den Backofen schieben.

Ober-/Unterhitze: etwa 180 °C (vorgeheizt)
Heißluft: etwa 160 °C (nicht vorgeheizt)
Gas: Stufe 2–3 (nicht vorgeheizt)
Backzeit: 40–45 Minuten.

8 Den Strudel sofort nach dem Backen mit Puderzucker bestäuben, warm servieren.

Tipp: *Dazu schmecken geschlagene Sahne oder Vanilleeis. Sollten die Aprikosen sehr hart sein, sie vorher 1–2 Stunden in Apfelsaft oder Wasser einweichen.*

Böhmischer Quark-Apfel-Striezel

Zutaten

Für den Knetteig:
300 g Weizenmehl
150 g Butter oder Margarine
1 Ei (Größe M)
Saft und abgeriebene Schale von ½ Zitrone (unbehandelt)
1 EL Weißwein

Für die Füllung:
1 Eiweiß (Größe M)
1 Eigelb (Größe M)
75 g Zucker
50 g Weizengrieß
250 g Magerquark
30 g Rosinen
300 g Äpfel

Zum Bestreichen:
1 Eigelb
1 EL Milch

Zum Bestreuen:
etwa 30 g gehackte Mandeln

Zubereitungszeit:
40 Minuten

Insgesamt:
E: 93 g, F: 160 g, Kh: 375 g, kJ: 14603, kcal: 3486

FÜR GÄSTE – PREISWERT

1 Für den Teig Mehl in eine Rührschüssel sieben. Butter oder Margarine, Ei, Zitronensaft und -schale und Weißwein hinzufügen. Alle Zutaten mit Handrührgerät mit Knethaken zunächst auf niedrigster, dann auf höchster Stufe gut durcharbeiten. Anschließend auf einer bemehlten Arbeitsfläche zu einem glatten Teig verkneten.

2 Für die Füllung Eiweiß steif schlagen. Eigelb, Zucker, Grieß und Quark in eine Rührschüssel geben und zu einer geschmeidigen Masse verrühren.

3 Rosinen und Eischnee unter die Quarkmasse heben. Äpfel schälen, vierteln, entkernen, klein würfeln und ebenfalls unterheben.

4 Den Teig zu einem Rechteck (30 x 35 cm) ausrollen. Die Quarkmasse von der Mitte aus so verteilen, dass rundherum ein 5 cm breiter Rand entsteht.

5 Die Teigränder von der langen Seite über die Quarkmasse schlagen, so dass die Mitte des Striezels etwa 2 cm frei bleibt. Den Striezel auf ein Backblech (gefettet, mit Backpapier belegt) legen.

6 Eigelb und Milch verrühren und den Striezel mit der Eigelbmilch bestreichen, mit gehackten Mandeln bestreuen. Das Backblech in den Backofen schieben.

Ober-/Unterhitze: etwa 180 °C (vorgeheizt)
Heißluft: etwa 160 °C (nicht vorgeheizt)
Gas: Stufe 2–3 (nicht vorgeheizt)
Backzeit: etwa 50 Minuten.

7 Striezel noch lauwarm in Streifen schneiden und sofort servieren.

Tipp: *Striezel schmeckt auch gut mit Aprikosen. Es kann Vanilleeis oder Vanillesauce dazu gereicht werden. Sie können das Gebäck zusätzlich mit abgezogenen, gestiftelten Mandeln bestreuen.*

Frischkäse-Klecksel-Kuchen

Zutaten

Für den Teig:
200 g Butter oder Margarine
200 g Zucker
1 Pck. Vanillin-Zucker
1 Prise Salz
3 Eier (Größe M)
150 g Doppelrahm-Frischkäse
1 Pck. Finesse Geriebene Zitronenschale
4 EL Zitronensaft
250 g Weizenmehl
3 gestr. TL Backpulver
15 g Kakaopulver
2 EL Milch
100 g gemahlene Haselnusskerne
40 g gehackte Pistazienkerne

Zubereitungszeit:
30 Minuten

Insgesamt:
E: 99 g, F: 325 g, Kh: 409 g,
kJ: 21480, kcal: 5131

RAFFINIERT

1 Für den Teig Butter oder Margarine mit Handrührgerät mit Rührbesen geschmeidig rühren. Zucker, Vanillin-Zucker und Salz nach und nach unterrühren. So lange rühren, bis eine gebundene Masse entstanden ist.

2 Eier nach und nach unterrühren (jede Ei etwa ½ Minute). Frischkäse, Zitronenschale und -saft unterrühren. Mehl und Backpulver mischen, sieben und portionsweise auf mittlerer Stufe unterrühren.

3 Den Teig in 3 Portionen teilen. Unter die erste Portion Kakao und Milch, unter die zweite Portion die Haselnusskerne und unter die dritte Portion die Pistazienkerne rühren.

4 Von den 3 Teigen jeweils unterschiedliche Klecksel nebeneinander auf ein Backblech (30 x 40 cm, gefettet) geben und diese (mit einem in Wasser getauchten Esslöffel) flach drücken.

Ober-/Unterhitze: etwa 180 °C (vorgeheizt)
Heißluft: etwa 160 °C (vorgeheizt).
Gas: Stufe 2–3 (vorgeheizt).
Backzeit: etwa 25–30 Minuten.

5 Das Backblech auf einen Kuchenrost stellen und den Kuchen erkalten lassen.

Tipp: *Nach Belieben die einzelnen Kleckse mit Pistazien oder gehackten Haselnüssen bestreuen.*
Es können auch 3 unterschiedliche Nussarten, z. B. Walnusskerne, Haselnusskerne und abgezogene Mandeln (jeweils 100 g) je zur Hälfte gehackt und gemahlen unter den Teig gegeben werden. Dann weiter wie unter Punkt 4 verfahren. Der Kuchen hält sich in Folie verpackt einige Tage frisch.

Biskuitrolle mit Eierlikör-Quark-Füllung

Zutaten

Für den Biskuitteig:
4 Eier (Größe M)
1 Eigelb (Größe M)
70 g Zucker
1 Pck. Vanillin-Zucker
60 g Weizenmehl
20 g Kakaopulver
½ gestr. TL Backpulver
40 g abgezogene, gemahlene Mandeln

Für die Füllung:
6 Blatt weiße Gelatine
250 g Sahnequark (40%)
125 ml (⅛ l) Eierlikör
40 g Zucker
1 Pck. Vanillin-Zucker
1 Pck. Finesse Geriebene Zitronenschale
1 Dose Fruchtcocktail (Abtropfgewicht 250 g)

Zum Bestäuben:
50 g gesiebter Puderzucker

Zum Verzieren:
50 g Vollmilch- oder Halbbitter-Kuvertüre
Liebesperlen

Zubereitungszeit:
50 Minuten, ohne Kühlzeit

Insgesamt:
E: 132 g, F: 86 g, Kh: 356 g,
kJ: 12453, kcal: 2974

FÜR GÄSTE – EINFACH

1 Für den Teig Eier und Eigelb mit Handrührgerät mit Rührbesen auf höchster Stufe in 1 Minute schaumig schlagen, Zucker und Vanillin-Zucker in 1 Minute einstreuen, dann noch etwa 2 Minuten schlagen.

2 Mehl mit Kakao und Backpulver mischen, auf die Eiercreme sieben und kurz auf niedrigster Stufe unterrühren. Mandeln unterheben.

3 Den Teig auf ein Backblech (30 x 40 cm, gefettet, mit Backpapier belegt) streichen, das Papier unmittelbar vor dem Teig zu einer Falte knicken, so dass ein Rand entsteht. Backblech in den Backofen schieben.

Ober-/Unterhitze: etwa 200 °C (vorgeheizt)
Heißluft: etwa 180 °C (vorgeheizt)
Gas: Stufe 3–4 (vorgeheizt)
Backzeit: etwa 15 Minuten.

4 Den Biskuit sofort auf einen mit Backpapier belegten Kuchenrost stürzen, das mitgebackene Backpapier mit kaltem Wasser bestreichen, dann vorsichtig, aber schnell abziehen. Biskuitplatte erkalten lassen.

5 Für die Füllung Gelatine 5 Minuten in kaltem Wasser nach Packungsanleitung einweichen, dann ausdrücken. Die ausgedrückte Gelatine in einem kleinen Topf unter Rühren erwärmen (nicht kochen), bis sie völlig gelöst ist, leicht abkühlen lassen. Quark mit Eierlikör, Zucker, Vanillin-Zucker und Zitronenschale verrühren. Gelatine unter den Eierlikörquark rühren. Wenn die Masse anfängt dicklich zu werden, den gut abgetropften Fruchtcocktail unterheben.

6 Die Quarkmasse auf die Biskuitplatte streichen und vorsichtig aufrollen. Biskuitrolle etwa 2 Stunden kalt stellen. Rolle mit Puderzucker bestäuben.

7 Zum Verzieren Kuvertüre in einem kleinen Topf im Wasserbad bei schwacher Hitze geschmeidig rühren, in einen Gefrierbeutel füllen und eine kleine Ecke abschneiden. Schmetterlinge auf Backpapier spritzen, mit Liebesperlen verzieren und fest werden lassen. Dann mit Hilfe eines Messers abheben und die Biskuitrolle mit den Schmetterlingen garnieren.

Tipp: *Die Biskuitrolle kann ohne Garnierung auch gut eingefroren werden. Am besten in Portionen einfrieren, dann sind auch die Auftauzeiten gering.*

Abwandlung: *Statt der Cocktailfrüchte 200 g geviertelte Erdbeeren unter den Eierlikör-Quark heben.*

Quark-Sahne-Schnitten mit Mandarinen

Zutaten

Für den Biskuitteig:
3 Eier (Größe M)
3 EL heißes Wasser
150 g Zucker
1 Pck. Vanillin-Zucker
100 g Weizenmehl
50 g Speisestärke
1 gestr. TL Backpulver

Für die Füllung:
1 Dose Mandarinenspalten (Abtropfgewicht 235 g)
1 Pck. Gelatine gemahlen, weiß
500 g Magerquark
150 g Zucker
1 Pck. Vanillin-Zucker
abgeriebene Schale von ½ Zitrone (unbehandelt)
2 EL Zitronensaft
375 ml (⅜ l) Schlagsahne

Zum Bestäuben:
Puderzucker

Zubereitungszeit:
35 Minuten, ohne Kühl- und Quellzeit

Insgesamt:
E: 120 g, F: 142 g, Kh: 506 g, kJ: 16330, kcal: 3901

FÜR KINDER – EINFACH – GEFRIERGEEIGNET

1 Für den Teig Eier und Wasser mit Handrührgerät mit Rührbesen auf höchster Stufe in 1 Minute schaumig schlagen. Zucker mit Vanillin-Zucker mischen, in 1 Minute einstreuen, dann noch etwa 2 Minuten schlagen.

2 Mehl, Speisestärke und Backpulver mischen, die Hälfte davon auf die Eiercreme sieben, kurz auf niedrigster Stufe unterrühren, den Rest des Mehlgemisches auf die gleiche Weise unterarbeiten.

3 Den Teig auf ein Backblech (30 x 40 cm, gefettet, mit Backpapier belegt) streichen, das Papier unmittelbar vor dem Teig zu einer Falte knicken, so dass ein Rand entsteht. Backblech in den Backofen schieben.

Ober-/Unterhitze: etwa 220 °C (vorgeheizt)
Heißluft: etwa 200 °C (vorgeheizt)
Gas: Stufe 4–5 (vorgeheizt)
Backzeit: 10–15 Minuten.

4 Den Biskuit sofort nach dem Backen auf ein mit Zucker bestreutes Geschirrtuch stürzen, das Backpapier mit kaltem Wasser bestreichen, vorsichtig, aber schnell abziehen. Den Biskuit senkrecht halbieren und erkalten lassen.

5 Für die Füllung Mandarinenspalten in einem Sieb abtropfen lassen, den Saft auffangen und 6 Esslöffel davon abmessen. Die Gelatine in einem kleinen Topf mit dem abgemessenen Saft anrühren, 10 Minuten zum Quellen stehen lassen.

6 Den Quark mit Zucker, Vanillin-Zucker, Zitronenschale und Zitronensaft verrühren. Die Gelatine unter Rühren erwärmen, bis sie gelöst ist und unter den Quark rühren.

7 Sahne steif schlagen, mit den Mandarinenspalten unter die Quarkmasse heben. Die Füllung auf eine der Biskuithälften streichen, mit der anderen Hälfte bedecken (die untere Seite nach oben), leicht andrücken. Die Seiten glatt streichen.

8 Das Gebäck etwa 2 Stunden kalt stellen. Die Oberfläche des Gebäcks mit Puderzucker bestäuben und in beliebig große Schnitten schneiden.

Tipp: *Maximal einen Tag vor dem Verzehr zubereiten. Wenn Sie für die Füllung mit Ei arbeiten wollen (die Masse wird cremiger) 2 Eigelb mit Zucker im Wasserbad (heiß) aufschlagen. Dann sind 250 ml (¼ l) Schlagsahne ausreichend.*

Mini-Quark-Gugelhupf

Zutaten

Für den Rührteig:
200 g Butter oder Margarine
125 g Zucker
1 Pck. Finesse Orangenfrucht
3 Eier (Größe M)
200 g Weizenmehl
1 ½ gestr. TL Backpulver
2 EL Orangensaft

Zum Ausstreuen der Form:
40 g Weizengrieß

Für die Füllung:
250 g Magerquark
1 Ei (Größe M)
10 g Speisestärke
1 Pck. Finesse Orangenfrucht
2 TL Orangensaft
30 g Zucker

Zum Aprikotieren:
3 EL Aprikosenkonfitüre
2 EL Wasser

Zum Garnieren:
dünne Orangenscheiben mit Schale (unbehandelt)

Zubereitungszeit:
35 Minuten, ohne Kühlzeit

Insgesamt:
E: 98 g, F: 198 g, Kh: 542 g
kJ: 18763, kcal: 4481

ZUM VERSCHENKEN – FÜR KINDER

1 Für den Teig Butter oder Margarine mit Handrührgerät mit Rührbesen auf höchster Stufe geschmeidig rühren. Nach und nach Zucker und Orangenfrucht unterrühren. So lange rühren, bis eine gebundene Masse entstanden ist.

2 Eier nach und nach unterrühren (jedes Ei etwa ½ Minute). Mehl und Backpulver mischen, sieben und auf mittlerer Stufe unterrühren. Zuletzt den Orangensaft unterrühren.

3 Den Teig in 6 Gugelhupfformen (Ø 10 cm, gefettet, mit Grieß ausgestreut) füllen.

4 Für die Füllung alle Zutaten miteinander verrühren, in einen Spritzbeutel mit Lochtülle füllen und in den Teig spritzen (nicht an den Rand). Formen auf dem Rost in den Backofen schieben.

Ober-/Unterhitze: etwa 180 °C (vorgeheizt)
Heißluft: etwa 160 °C (vorgeheizt)
Gas: Stufe 2–3 (vorgeheizt)
Backzeit: 20–30 Minuten.

5 Das Gebäck aus den Förmchen stürzen und sofort aprikotieren. Zum Aprikotieren Konfitüre durch ein Sieb streichen, mit Wasser verrühren und etwas einkochen lassen. Das noch warme Gebäck damit bestreichen und erkalten lassen. Mit Orangenfilets garnieren.

Tipp: *Sie können aus der Schale mit einem gezackten Ausstecher kleine Kreise ausstechen und mit Puderzuckerguss Namen darauf spritzen. Das Rezept lässt sich auch in einer gut gefetteten Gugelhupfform (Ø 22 cm) backen. Dazu den Rührteig in die Form geben, mit einem Esslöffel rundherum in der Mitte eine Vertiefung eindrücken. Die Füllung hineingeben und glatt streichen. Die Form auf dem Rost in den Backofen schieben. Bei der oben angegebenen Herdeinstellung etwa 60 Minuten backen. 10 Minuten in der Form stehen lassen, dann stürzen und aprikotieren.*

Lise

Fruchtschiffchen mit Mascarponecreme

Zutaten

Für den Knetteig:
150 g Weizenmehl
40 g Zucker
1 Pck. Vanillin-Zucker
1 Prise Salz
1 Eigelb (Größe M)
80 g Butter oder Margarine

Für die Mascarponecreme:
250 g Mascarpone
(italienischer Frischkäse)
50 ml Milch
1 Pck. Bourbon-Vanille-Zucker

Für den Belag:
1 Mango
1 Karambole

Zubereitungszeit:
40 Minuten, ohne Kühlzeit

Insgesamt:
E: 39 g, F: 184 g, Kh: 237 g, kJ: 11938, kcal: 2852

RAFFINIERT – FÜR GÄSTE

1 Für den Teig Mehl in eine Rührschüssel sieben. Restliche Zutaten hinzugeben und mit Handrührgerät mit Knethaken zunächst auf niedrigster, dann auf höchster Stufe gut durcharbeiten. Anschließend auf einer bemehlten Arbeitsfläche zu einem glatten Teig verkneten. Sollte der Teig kleben, ihn in Folie gewickelt 20–30 Minuten kalt stellen.

2 Anschließend den Teig nochmals gut durchkneten, dünn ausrollen, Schiffchenformen mit Zackenrand (12 cm) damit auslegen, Teig gut andrücken und mehrmals mit einer Gabel einstechen. Förmchen auf dem Rost in den Backofen schieben.

Ober-/Unterhitze: etwa 180 °C (vorgeheizt)
Heißluft: etwa 160 °C (vorgeheizt)
Gas: Stufe 2–3 (vorgeheizt)
Backzeit: etwa 10 Minuten.

3 Die gebackenen Schiffchen aus den Förmchen lösen, auf einem Kuchenrost erkalten lassen.

4 Für die Mascarponecreme alle Zutaten mit einem Schneebesen verrühren. Die Creme in einen Spritzbeutel mit Sterntülle füllen.

5 Für den Belag Mango schälen, das Fruchtfleisch vom Stein lösen und in Spalten schneiden. Karambole in Scheiben schneiden.

6 Kurz vor dem Servieren die Creme in die Schiffchen spritzen und sie mit Obst belegen. Nach Belieben mit Minze garnieren.

Plunderteilchen mit Quark und Orangen

Zutaten

Für den Plunderteig:
375 g Weizenmehl
1 Pck. Trockenhefe
50 g Zucker
1 Pck. Vanillin-Zucker
1 Prise Salz
1 Ei (Größe M)

1 Für den Teig Mehl in eine Rührschüssel sieben, mit der Hefe sorgfältig vermischen. Zucker, Vanillin-Zucker, Salz, Ei, Butter und Milch hinzufügen, alles mit Handrührgerät mit Knethaken zunächst auf niedrigster, dann auf höchster Stufe in etwa 5 Minuten zu einem Teig verarbeiten. 5 Minuten bei Zimmertemperatur ruhen lassen.

2 Teig zu einem Rechteck (25 x 40 cm) ausrollen. Kalte Butter in Scheiben schneiden. Die Hälfte der Teigplatte damit belegen, die andere Hälfte darüber klappen, mit der Teigrolle leicht andrücken.

(Fortsetzung Seite 117)

3 Das Teigpaket mit der breiten Seite zur Arbeitsflächenkante legen, wieder zu einem Rechteck (25 x 40 cm) ausrollen, von den kürzeren Seiten her zur Mitte so zusammenklappen, dass die Teigkanten aneinander stoßen. Teig nochmals von der längeren Seite so überschlagen, dass 4 Teiglagen entstehen, den Teig 15 Minuten in den Kühlschrank legen. Den Vorgang wiederholen. Teig anschließend noch einmal 15 Minuten kalt stellen.

4 Für den Belag Quark mit Zucker, Vanillin-Zucker und Ei verrühren. Orangen so schälen, dass die weiße Haut mit entfernt wird, jede Orange in 5 dickere Scheiben schneiden.

5 Teig ausrollen, etwa 15 Platten (Ø etwa 12 cm) ausstechen, auf ein kalt abgespültes Backblech legen, auf jede Platte etwas Quarkmasse und 1 Orangenscheibe legen, die 4 Ecken zur Mitte hin schlagen. Nochmals 15 Minuten bei Zimmertemperatur ruhen lassen. Das Backblech in den Backofen schieben.

Ober-/Unterhitze: 200–220 °C (vorgeheizt)
Heißluft: etwa 180–200 °C (vorgeheizt)
Gas: etwa Stufe 4 (vorgeheizt)
Backzeit: 15–20 Minuten.

6 Aprikosenkonfitüre durch ein Sieb streichen, Plunderteilchen sofort nach dem Backen damit bestreichen.

Zutaten

50 g klein geschnittene Butter
200 ml kalte Milch

150 g kalte Butter

Für den Belag:
250 g Magerquark, 50 g Zucker
1 Pck. Vanillin-Zucker
1 Ei (Größe M), 3 große Orangen

100 g Aprikosenkonfitüre

Zubereitungszeit:
90 Minuten, ohne Ruhe- und Kühlzeit

Insgesamt:
E: 109 g, F: 217 g, Kh: 455 g, kJ: 18347, kcal: 4382

AUFWÄNDIG

Quarktaschen

1 Für den Teig Mehl in eine Rührschüssel sieben. Restliche Zutaten hinzufügen und mit Handrührgerät mit Knethaken zunächst kurz auf niedrigster, dann auf höchster Stufe gut durcharbeiten, anschließend auf der Arbeitsfläche zu einem glatten Teig verkneten, den Teig etwa 1 Stunde kalt stellen.

2 Für die Füllung Quark mit Zucker, Vanillin-Zucker und Eiweiß verrühren. Rosinen unterrühren.

3 Die Hälfte des Teiges zu einem Quadrat von 30 x 30 cm ausrollen, in Quadrate von 10 x 10 cm schneiden. In die Mitte jedes Teigstücks etwas Füllung geben.

4 Eigelb mit Milch verschlagen, die Teigränder damit bestreichen. Die Teigstücke zu Taschen zusammenlegen, mit Eigelbmilch bestreichen. Den restlichen Teig ebenso verarbeiten. Die Teigreste ausrollen, in schmale Streifen schneiden, je zwei davon über Kreuz auf jede Tasche legen, ebenfalls mit der Eigelbmilch bestreichen. Backblech in den Backofen schieben.

Ober-/Unterhitze: 200–220 °C (vorgeheizt)
Heißluft: 180–200 °C (vorgeheizt)
Gas: etwa Stufe 4 (vorgeheizt)
Backzeit: etwa 25 Minuten.

Zutaten

Für den Knetteig:
150 g Weizenmehl
1 Pck. Vanillin-Zucker
150 g Magerquark, 150 g Butter

Für die Füllung
250 g Magerquark
50 g Zucker
1 Pck. Vanillin-Zucker
1 Eiweiß (Größe M)
30 g Rosinen

1 Eigelb (Größe M)
1 ½ EL Milch

Zubereitungszeit:
40 Minuten, ohne Kühlzeit

Insgesamt:
E: 81 g, F: 135 g, Kh: 206 g, kJ: 10323, kcal: 2465

KLASSISCH

Quarkgebäck

Zutaten

Für die Füllung:
100 g Magerquark
1 EL Speisestärke
50 g Zucker
1 Pck. Vanillin-Zucker
1 Ei (Größe M)
2 Tropfen Bittermandel-Aroma
50 g abgezogene, gemahlene Mandeln
25 g Rosinen

Für den Quark-Öl-Teig:
250 g Weizenmehl
1 Pck. Backpulver
125 g Magerquark
4 EL Milch oder Schlagsahne
1 Eigelb (Größe M)
½ Eiweiß (Größe M)
4 EL Speiseöl
1 Prise Salz

½ Eiweiß (Größe M)

1 kg Ausbackfett

Zimt-Zucker

Zubereitungszeit:
40 Minuten

Insgesamt:
E: 89 g, F: 1096 g, Kh: 293 g,
kJ: 49487, kcal: 11818

FÜR KINDER

1 Für die Füllung Quark nach und nach mit Handrührgerät mit Rührbesen auf mittlerer Stufe mit Speisestärke, Zucker, Vanillin-Zucker, Ei, Aroma, Mandeln und Rosinen verrühren.

2 Für den Teig Mehl mit Backpulver mischen, in eine Rührschüssel sieben. Quark, Milch oder Schlagsahne, Eigelb, Eiweiß, Öl und Salz hinzufügen. Die Zutaten mit Handrührgerät mit Knethaken auf höchster Stufe in etwa 1 Minute zu einem Teig verarbeiten (nicht zu lange, Teig klebt sonst).

3 Den Teig auf einer bemehlten Arbeitsfläche zu einer Rolle formen. Den Teig gut 2 mm dick ausrollen, runde Platten (Ø etwa 10 cm) ausstechen, eine Hälfte jeder Teigplatte mit etwas Füllung belegen. Den Rand der Platten mit Eiweiß bestreichen. Die andere Teighälfte darüber klappen, die Teigränder gut andrücken.

4 Die Taschen schwimmend in siedendem Ausbackfett auf beiden Seiten hellbraun backen, mit einem Schaumlöffel herausnehmen, auf einem Kuchenrost gut abtropfen lassen und zum Schluss in Zimt-Zucker wenden.

Tipp: *Wer es etwas kalorienärmer möchte, kann dieses Gebäck auch auf ein Backblech (gefettet, mit Backpapier belegt) legen und in den Backofen schieben.*

Ober-/Unterhitze: 180–200 °C (vorgeheizt)
Heißluft: 160–180 °C (vorgeheizt)
Gas: etwa Stufe 3 (vorgeheizt)
Backzeit: etwa 20 Minuten.

Das Gebäck nach dem Abkühlen mit Puderzuckerguss bestreichen (aus gesiebtem Puderzucker und Zitronensaft).

Quarkwaffeln (Foto)

Zutaten

Für den Rührteig:
125 g Butter, 100 g Zucker
1 Pck. Vanillin-Zucker
3 Eier (Größe M)
1 Pck. Geriebene Zitronenschale
125 g Magerquark
200 g Weizenmehl
1 ½ gestr. TL Backpulver
6 EL Milch, 50 g Rosinen
Puderzucker

Zubereitungszeit:
30 Minuten

Insgesamt:
E: 65 g, F: 144 g, Kh: 321 g,
kJ: 12355, kcal: 2952

PREISWERT

1 Für den Teig Butter mit Handrührgerät mit Rührbesen auf höchster Stufe geschmeidig rühren. Nach und nach Zucker und Vanillin-Zucker unterrühren. So lange rühren, bis eine gebundene Masse entstanden ist. Eier und Zitronenschale nach und nach unterrühren (jedes Ei etwa ½ Minute). Quark unterrühren.

2 Mehl mit Backpulver mischen, sieben und abwechselnd mit Milch portionsweise auf mittlerer Stufe unterrühren. Rosinen unterheben.

3 Teig portionsweise in ein erhitztes, gefettetes Waffeleisen füllen, goldbraun backen und mit Puderzucker bestäubt servieren.

Quarkwaffeln mit Äpfeln

Zutaten

Für den Rührteig:
175 g Butter oder Margarine
150 g Zucker
1 Pck. Vanillin-Zucker
4 Eier (Größe M), 1 Prise Salz
1 Pck. Finesse Geriebene Zitronenschale
125 g Magerquark
250 g Weizenmehl
1 ½ gestr. TL Backpulver
125 ml (⅛ l) Milch
300 g Äpfel, 50 g Rosinen
Puderzucker

Zubereitungszeit:
35 Minuten

Insgesamt:
E: 50 g, F: 152 g, Kh: 423 g
kJ: 14116, kcal: 3370

PREISWERT

1 Butter oder Margarine mit Handrührgerät mit Rührbesen auf höchster Stufe in etwa 1/2 Minute geschmeidig rühren, nach und nach Zucker und Vanillin-Zucker unterrühren, so lange rühren, bis eine gebundene Masse entstanden ist. Eier nach und nach unterrühren (jedes Ei etwa ½ Minute). Salz, Zitronenschale und Quark unterrühren.

2 Mehl mit Backpulver mischen, sieben, abwechselnd mit Milch unterrühren.

3 Äpfel schälen, vierteln, entkernen, in kleine Würfel schneiden und mit den Rosinen unterheben.

4 Den Teig in nicht zu großen Portionen in ein gut erhitztes, gefettetes Waffeleisen füllen, von beiden Seiten goldbraun backen. Die Waffeln einzeln auf einem Kuchenrost erkalten lassen, mit Puderzucker bestäuben, möglichst sofort verzehren.

Ratgeber

Quark & Co. sind die Hauptzutaten für die Kuchen, Torten und Gebäcke dieses Buches. Alle diese Produkte gehören zur Gruppe der Frischkäse, d. h. der ungereiften oder nur wenig gereiften Käse mit leicht säuerlichem Geschmack und unterschiedlichem Wasser- und Fettgehalt. Die Säuerung erfolgt durch Zugabe von Milchsäurebakterien. Ihre Haltbarkeit ist begrenzt, deshalb sollten diese Produkte sollten stets kühl gelagert und möglichst frisch verbraucht werden.

Da die Bezeichnungen in den verschiedenen Regionen z. T. unterschiedlich sind, hier die wichtigsten Produkte:

Speisequark
Speisequark (die süddeutsche, bzw. österreichische Bezeichnung ist Topfen) ist ein Frischkäse in den Fettgehaltsstufen Mager- bis Doppelrahmstufe (diese Stufe wird z. T. auch als Sahnequark, Speisequark mit Sahne oder Speisequark mit Rahm bezeichnet). Bei den meisten gebackenen Kuchen dieses Buches wird Magerquark (Speisequark Magerstufe) verwendet. Quark wird aus pasteurisierter Milch, Sahne oder entrahmter Milch und Molke mit spezifischen Milchsäurebakterien und Lab hergestellt. Er reift nicht. Die Konsistenz ist zart-geschmeidig bis pastenartig. Geruch und Geschmack sind leicht rein milchsauer.

Schichtkäse
Schichtkäse ist ein Frischkäse in den Fettgehaltsstufen Viertelfett- bis Doppelrahmstufe (mit mindestens 40 % Fett in Trockenmasse auch als Sahneschichtkäse bezeichnet). Schichtkäse wird aus pasteurisierter Milch, Sahne oder entrahmter Milch und Molke mit spezifischen Milchsäurebakterien und Lab hergestellt. Er reift nicht. Im Inneren sollen Schichten (gelbliche fettreicher als hellere) erkennbar sein. Die Konsistenz zartgeschmeidig und formfest. Geruch und Geschmack rein milchsauer.

Rahmfrischkäse
Rahmfrischkäse ist ein Frischkäse mit mindestens 50 % Fett in Trockenmasse. Er wird hergestellt aus pasteurisierter Milch, Sahne und entrahmter Milch mit spezifischen Milchsäurebakterien und Lab. Er reift nicht. Die Konsistenz ist pastenartig und streichfähig. Geruch und Geschmack sind leicht feinsäuerlich.

Doppelrahm-Frischkäse
Doppelrahm-Frischkäse ist ein Frischkäse mit mindestens 60 % und höchstens 85 % Fett in Trockenmasse. Doppelrahm-Frischkäse hat eine leicht sahnige Note. Rahm-Frischkäse und Doppelrahm-Frischkäse werden vor allem für kalte Käsetorten verwendet. Sollte Ihnen der Geschmack oder die Konsistenz eines Kuchens nicht zusagen, versuchen Sie es einmal mit einer anderen Sorte.

Ricotta
Ricotta ist ein italienischer Frischkäse aus Molkeneiweiß.

Mascarpone
Mascarpone ist ein italienischer Weichkäse aus Kuhmilch. Er hat die Konsistenz einer butterartigen Creme und ist porzellanweiß.

Ratgeber

Sein Geschmack ist frisch, delikat und süß. Er hat einen Mindestfettgehalt von 45–55 %.

Schmand
Schmand ist ein Sauerrahmerzeugnis mit mindestens 24 % Fett in der Trockenmasse. Sollten Sie keinen Schmand bekommen, können Sie statt dessen auch Crème fraîche verwenden.

Schlagsahne (Schlagrahm)
Schlagsahne ist ein Sahneerzeugnis mit mindestens 30 % Fett. Sie lässt sich aufschäumen (muss aber vorher im Kühlschrank auf unter 10 °C durchkühlen). Sie ist stets wärmebehandelt, z. T. auch homogenisiert. Sahne mit einem Fettgehalt von mindestens 32 % Fett lässt sich meist besser aufschlagen.

Weitere Zutaten
Wer Teig mit Öl zubereitet, sollte Öle mit starkem Eigengeschmack nur dann verwenden, wenn er diesen Geschmack mag. Gut geeignet sind Ölmischungen, die auch zum Braten geeignet sind, z. B. Biskin. Zerlassene Butter oder Margarine eignet sich nicht so gut, da der Teig eine andere Konsistenz bekommt.

Mehl der Typenbezeichnung 405 und 550 können wahlweise verwendet werden. Mehle mit höheren Typenbezeichnungen oder Vollkornmehle dagegen eignen sich nicht als Ausstausch. Bei ihnen müssen je 100 g Mehl etwa 2 Esslöffel mehr Flüssigkeit (Wasser oder Milch) zugegeben werden.

Backtemperaturen und Einschubhöhen
Die richtig eingestellte Backtemperatur ist genauso wichtig wie die genaue Zubereitung des Rezeptes. Die in den Rezepten angegebenen Backzeiten können länger oder kürzer sein (das ist abhängig von Umständen, die auf das unterschiedliche Material von Backformen, auf die Verschiedenartigkeit der Herde, auf unterschiedliche Energiezufuhr und auch auf die Beschaffenheit der Zutaten zurückzuführen sind).
Es ist deshalb unbedingt erforderlich, die Anleitungen der Hersteller, die den Herden beiliegen, genau zu beachten. Das Gebäck sollte besonders gegen Ende der Backzeit genau beobachtet werden.
Formen werden entweder auf der mittleren Einschubleiste oder der unteren Einschubleiste und immer auf dem Rost in den Backofen geschoben. Die untere Einschubleiste ist besonders bei feuchteren Belägen sinnvoll (unteres Drittel), da sonst der Boden sehr schnell durchweicht. Wird der Kuchen im unteren Drittel eingeschoben, kann er besser durchbacken. Maßgebend sind jedoch die Ausführungen und Anweisungen des Herdherstellers.

Kuchen aus der Form lösen
Die Formen immer auf einem Kuchenrost abkühlen lassen, da sich ansonsten zu viel Feuchtigkeit bildet und der fertig gebackene Boden durchweicht.In Springformen gebackene Käsekuchen etwas abkühlen lassen. Springformrand lösen. Je nach Rezept Gebäck vom Springformboden abheben oder stürzen, oder auf dem Springformboden auf einem Kuchenrost erkalten lassen.

Alphabetisches Register

Alphabetisches Register

Kapitelregister

Klassische Käsekuchen

Käsekuchen mit Obst

Moderne Käsekuchen

Kapitelregister

Käsekuchen vom Blech

Kleingebäck mit Quark & Co.

Umwelthinweis	Dieses Buch und der Einband wurden auf chlorfrei gebleichtem Papier gedruckt. Die Einschrumpffolie - zum Schutz vor Verschmutzung - ist aus umweltverträglichem und recyclingfähigem PE- Material.
	Bitte beachten Sie bei Gasherden die Gebrauchsanleitung des Herstellers. Wenn Sie Anregungen, Vorschläge oder Fragen zu unseren Büchern haben, rufen Sie uns unter folgender Nummer an (0521) 155-2580 oder 52 06 50 oder schreiben Sie uns. Wir antworten umgehend:
	Dr. Oetker Verlag KG, Redaktion, Am Bach 11, 33602 Bielefeld

Redaktion	Carola Reich
Fotos Titelfoto	Thomas Diercks, Hamburg
Innenfotos	Thomas Diercks, Hamburg Ulrich Kopp, Füssen Kramp & Gölling, Hamburg Axel Struwe, Bielefeld Brigitte Wegner, Bielefeld
Rezeptentwicklung und -beratung	Heide Hagendorf, Bad Rothenfelde Sabine Lange, Dörmte Mechthild Plogmaker, Bielefeld Eike Upmeier-Lorenz, Herford
Grafisches Konzept	Björn Carstensen, Hamburg
Gestaltung	Kontur Design, Bielefeld
Titelgestaltung	Kontur-Design, Bielefeld
Reproduktionen	Kruse Reproduktionen, Vreden
Satz	Typografika, Bielefeld
Druck und Bindung	MOHN Media • Mohndruck GmbH, Gütersloh

ISBN 3-7670-0245-0